Claudia Arbeithuber und Viktoria Stranzinger

Kochen mit Hydrolaten

Rezepte aus der Aromaküche

Danksagung

Danke an die AutorInnen Claudia Arbeithuber, Daniel Fuchs und Doris Gansinger, dass ich einen Teil der Rezepte zum Buch beisteuern durfte. Danke an Johanna Schlosser – *FotoloungeBlende8* – für die jahrelange gute Zusammenarbeit und die tollen Fotografien, die dadurch entstanden sind. Einige dieser Bilder findet ihr in diesem Kochbuch.

Ein großer Dank ebenfalls an die Gmunder Molkerei GmbH für die Partnerschaft und die gemeinsamen Projekte, die ebenfalls in dieses Buch mit einfließen.

Bedanken möchte ich mich auch bei meiner Familie, die mich immer tatkräftig unterstützt und sich für die Umsetzung meiner Pläne und Ideen einsetzt.

Viktoria Stranzinger

READ GLOBAL BUY LOCAL

FSC www.fsc.org MIX Papier | Fördert gute Waldnutzung FSC® C118234

ISBN 978-3-99025-472-1

Layout:_freya_art, Mag. Regina Raml-Moldovan
Lektorat: Mag. Dorothea Forster

printed by GPS-Group

Fotos: Johanna Schlosser – FotoloungeBlende8, weitere Seite 176

Anmerkung:
Die Ratschläge und Rezepte in diesem Buch wurden von den AutorInnen sorgfältig erwogen und geprüft, dennoch kann eine Erfolgsgarantie bei den empfohlenen Anwendungen und Rezepten nicht gegeben werden. Eine Haftung der AutorInnen bzw. deren Beauftragter für Personen-, Tier-, Sach- oder Vermögensschäden wird nicht übernommen.

Kochen mit Hydrolaten

Claudia Arbeithuber
Viktoria Stranzinger

Rezepte aus der Aroma-küche

freya

Inhaltsverzeichnis

Rezepte für die Aromaküche 65

Inhaltsverzeichnis

Vorwort

Als ich 2021 ein französisches Buch über die Zubereitung von Speisen mit Hydrolaten kaufte, war ich etwas erstaunt, dass die Autorin so viele Rezepte mit diesen wertvollen Pflanzenwässern zusammengetragen hatte.

Denn ich verwende – zumindest einige – Hydrolate bereits seit vielen Jahren in meiner Küche. Da ich sie zum Aromatisieren von Speisen ähnlich wie Kräuter und Kräutersalze einsetze, sind sie womöglich zu selbstverständlich für mich geworden. Ich bin keine Freundin von aufwendigen und zeitintensiven Zubereitungen, darum ist diese Art der gesunden und schmackhaften Verfeinerung perfekt für meine Art des Genusses!

Eine deutschsprachige Rezeptesammlung ist somit längst überfällig und kann nun mit diesem Buch hoffentlich vielen Menschen als Inspiration dienen. Das Wissen und auch die Forschung rund um diese besonderen Destillationswässer steckt noch in den Kinderschuhen, seit Erscheinen der ersten deutschsprachigen Bücher rund um das Jahr 2010 konnten jedoch bereits viele spannende Erkenntnisse gesammelt werden.

So ist inzwischen bekannt, dass kleine Spuren organischer Säuren, die in den Hydrolaten enthalten sind – ähnlich wie in grünem Tee, Heidelbeeren, Walnüssen und anderen als sehr gesund geltenden Lebensmitteln –, einen wertvollen Beitrag zur Erhaltung des täglichen Wohlbefindens beitragen können.

Die Gallussäure beispielsweise wirkt stark antioxidativ, antiviral, antimykotisch, leicht blutungsstillend, sie kann bei allergischen Symptomen lindernd sein, sie verhindert laut Gewebestudien das Absterben von Nervenzellen und zeigte sogar antitumorale Eigenschaften. Die Rosmarinsäure – sie kommt in vielen Auszügen der Lippenblütengewächse vor – wirkt antientzündlich, dazu stärker antioxidativ als Vitamin E, antiviral (u. a. auf HIV), auch anti-karzinogen sowie anxiolytisch (angstlösend, durch Hemmung der GABA Transaminase). Das sind doch Eigenschaften, die wir uns alle wünschen!

Ich empfehle den werten Leserinnen, selbst Hydrolate in der Küche zu probieren und mit ihnen zu experimentieren: Es ist kaum etwas falsch zu machen, allenfalls kann bei versehentlicher Überdosierung so etwas passieren wie *die Suppe zu versalzen*. Um das zu vermeiden, kann dieses Buch als wertvolle *Leitplanke* dienen. Wie bei jedem anderen Kochbuch ist nach dem ersten Lernen auch ein *Freischwimmen* möglich und sicher auch von den AutorInnen erwünscht.

Die Zubereitung von Speisen mit Hydrolaten macht Freude, ist einfacher als die erforderliche starke Verdünnung von ätherischen Ölen, sie unterstützt auf ganzheitliche Art unsere Gesundheit.

Ich wünsche diesem Buch somit eine weite Verbreitung, auf dass dieser noch etwas zu wenig eingesetzte *dritte Teil* der Aromatherapie und Aromapflege – neben ätherischen und fetten Ölen – bekannter wird!

Eliane Zimmermann
www.aromapraxis.de

Einleitung

» Wer sind wir und warum gibt es dieses Buch?

Kochen mit ätherischen Ölen* ist eine wunderbare Möglichkeit die eigene Küche etwas aufzupeppen, mit Gewürzen zu spielen und zu experimentieren. Claudia verwendet sie gerne und regelmäßig, auch bei klassischen Gerichten und gibt auch Kurse zum Thema Aromaküche.

Aber wirklich einfach umzusetzen ist es meist nicht. Dafür benötigt es doch ein umfassendes Basiswissen über die ätherischen Öle, ihre Wirkung und vor allem die Dosierung.

Da fällt es schon leichter mit Hydrolaten zu kochen. Hydrolate müssen nicht *verdünnt*, können direkt in der Küche verarbeitet werden. Auch brauchen sie keine Emulgatoren und bieten dennoch das gesamte Spektrum aus der Welt der Aromen.

In diesem Buch möchten wir sie in das Reich der Hydrolate entführen und die ersten Gehversuche mit ihnen gemeinsam machen. Lassen Sie sich überraschen und freuen Sie sich auf eine neue Genussvielfalt – durch Kochen mit Hydrolaten.

Wir, das sind Dr. Doris Gansinger und Claudia Arbeithuber, hatten diese Idee, als wir unsere Seminarreihe *Hydrolate* vorbereiteten. Neben den vielen unterschiedlichen Inhalten und Workshops wollten wir auch etwas Bleibendes gestalten. Es sollte kein reines Buch über Hydrolate werden, sondern etwas Praktisches bieten. Etwas zum Umsetzen, Nachmachen, Ausprobieren.

* Da ätherische Öle und Hydrolate einen gemeinsamen Entstehungsprozess haben, wird sporadisch im Buch auch auf die ätherischen Öle eingegangen. Vorrangiges Thema ist jedoch das Kochen mit Hydrolaten.

Was eignet sich da besser als ein Kochbuch!?

Wir, das sind aber auch noch Viktoria Stranzinger, Ausnahmeköchin, und Daniel Fuchs, Destillateur unseres Vertrauens. Zu viert haben wir uns aufgemacht, dieses Buch zu gestalten und mit unseren jeweiligen Erfahrungen zu füllen.

In diesem Buch zeigen wir einfach umsetzbare Rezepte, die allesamt von uns probiert wurden. Claudia Arbeithuber hat Steckbriefe und Rezepturen zusammengetragen, Daniel Fuchs wertvolles Insiderwissen ergänzt, Viktoria Stranzinger für das gewisse Etwas der Rezepturen gesorgt und Doris Gansinger ist für die wissenschaftlichen Grundlagen verantwortlich.

Wir lassen Sie teilhaben an unserem Wissen über ätherische Öle und Hydrolate sowie den Einsatz der Blütenwässer in der modernen, praktischen und unkomplizierten Küche.

Also, los geht's! Mahlzeit

Claudia Arbeithuber, Daniel Fuchs,
Doris Gansinger und Viktoria Stranzinger

Aromaküche

Unter Aromaküche wird der Einsatz von ätherischen Ölen und Hydrolaten in der Küche verstanden.

Dafür braucht es keine *neuen* Rezepte, oft reicht es schon, Altbekanntes mit ein paar zusätzlichen Nuancen zu verfeinern.

Hier eignen sich natürlich vor allem all jene ätherischen Öle, die wir bereits als Drogen (getrocknete Kräuter) in unserem Gewürzsortiment vorfinden: Basilikum, Thymian, Pfeffer, Pfefferminze, Oregano ...

Nach dem ersten Probieren stellen aber viele rasch fest, dass sich auch alle anderen ätherischen Öle perfekt für die feine Küche eignen.

Aber auch hier gilt es einiges zu beachten:

NIEMALS pur anwenden

EMULGATOR nicht vergessen!

WENIGER IST MEHR – viel weniger ist viel mehr!

Rasches Sättigungsgefühl!

Nicht jeder Gaumen ist bereit für diese *neuen Gelüste*

Wenn ich also einmal ätherische Öle oder Hydrolate in meiner Küche probieren möchte, braucht es nicht gleich ein eigenes Kochbuch. Denn wir können ganz leicht und unkompliziert bestehende Rezepte abwandeln, verfeinern und Gewürze wie Pfeffer und Basilikum durch ihr entsprechendes ätherischen Öl austauschen.

Klein anfangen und groß durchstarten. Nach diesem Motto können Sie bewährte Rezepte für Keks und Pralinen oder Liköre, Marmeladen und Fruchtsäfte mit Hydrolaten oder auch ätherischen Ölen verfeinern.

Richten Sie sich zu Beginn nach folgenden Faustregeln:

- Weniger ist mehr, noch weniger ist noch mehr
- Für die Verdünnung von ätherischen Ölen Emulgatoren verwenden: Salz, Schlagobers/Sahne, Zucker, Honig, Essig, kohlensäurehaltiges Mineralwasser, Sirup, Butter …
- Ätherische Öle und Hydrolate bei warmen Speisen erst zu guter Letzt beimengen (ansonsten verflüchtigen sie sich)
- Auf 1,5 l Flüssigkeit etwa 5 Tropfen ätherisches Öl, bei intensiv schmeckenden ätherischen Ölen reichen 2–3 Tropfen
- Auf 1 kg Backmasse 8–10 Tropfen, da sich vieles beim Backen verflüchtigt
- Bei kalten Desserts auf 1,5 l Masse ca. 4 Tropfen, bei intensiv schmeckenden ätherischen Ölen reichen 1–2 Tropfen

» Rechtliche Aspekte der Aromaküche

Rein theoretisch könnten Sie im privaten Bereich alle 100 % naturreinen ätherischen Öle für die Küche verwenden. Für Sie wäre hier *lediglich* die Qualität der Produkte von Bedeutung. **Aber ...**

Im öffentlichen Bereich (in Großküchen, bei Veranstaltungen, in Einrichtungen, beim Verteilen an Dritte ...) aber gilt: Immer dann, wenn Dritte miteinbezogen werden, spielt die Wahl der Produkte jedoch eine entscheidende Rolle. Denn ätherisches Öl ist nicht einfach nur ätherisches Öl im rechtlichen Sinne. Meist wird es von den Anbietern als Rohstoff verkauft.

Glücklicherweise gibt es aber seit einiger Zeit schon speziell für den Lebensmittelbereich zugelassene ätherische Öle.

Warum ist dies wichtig?

Jedes käuflich erwerbliche Produkt ist gewissen Zertifizierungen unterworfen. Diese Verfahren und Normen unterscheiden sich sehr stark, je nachdem ob das Produkt als Lebensmittel, Kosmetikum, Arzneimittel oder Rohstoff zertifiziert wird.

Solange es keine Probleme in der Anwendung (z. B. Unverträglichkeit, wie sie bei jedem Lebensmittel auftreten kann) gibt, fragt auch niemand, ob Sie mit lebensmittelzertifizierten ätherischen Ölen oder kosmetisch zertifizierten ätherischen Ölen gekocht haben.

Wenn Sie aber für die Kuchenbar eines Festes Mehlspeisen zubereiten, diese mit ätherischen Ölen verfeinern und jemandem bekommt Ihre Speise nicht, so wird man womöglich auch nachfragen, womit Sie gekocht haben.

Daher ist es rechtlich notwendig und auch zu Ihrer eigenen Absicherung von Vorteil, lebensmittelzertifizierte ätherische Öle zu verwenden. Auch wenn diese oftmals aus derselben Produktion stammen wie die anderen ätherischen Öle, haben sie dennoch andere Probeverfahren hinter sich und sind speziell für den Lebensmittelbereich freigegeben.

Die letztendliche Haftung trägt dann auch der Produzent, der es als Lebensmittel auf den Markt gebracht hat.

Warum kann ich nicht alle ätherischen Öle für die Aromaküche verwenden?

Die Verwendung dieser speziell zertifizierten ätherischen Öle dient also Ihrer persönlichen rechtlichen Absicherung und der Klärung der Haftungsfrage.

Bitte beachten:

Nach dem Lebensmittelgesetz (LMG) dürfen nur nach LMG deklarierte ätherische Öle oder Ölmischungen für den öffentlichen Gebrauch (Bistro, Kantinen, Restaurants etc.) eingesetzt werden. Geben Sie ätherische Öle niemals pur in die Speisen, da die Konzentrationen zu hoch sind.

1 Tropfen entspricht oft großen Mengen von Pflanzenmaterial. Deshalb immer verdünnen und die Verdünnung teelöffelweise verwenden.

Naturaromen und Würzessenzmischungen in Lebensmittelqualität erhalten Sie zum Beispiel bei: *www.imeinklang.de*

Hydrolate

Wie verhält es sich nun mit den Hydrolaten?

Die Verwendung als Lebensmittel erfährt in unseren Breiten gerade erst einen Durchbruch. Zwar werden Hydrolate in vielen Ländern schon lange in die Kulinarik mit einbezogen, bei uns stellt dies aber noch eine Neuheit dar. Dennoch wird der Einsatz auch im kommerziellen Bereich immer mehr und die Firmen kommen diesen neuen Anforderungen nun langsam nach.

» Was sind ätherische Öle?

Ätherische Öle sind kleinste Öl-Tröpfchen in den Ölbehältern der Pflanzen. Sie dienen der Pflanze zur Abwehr von Insekten und Fressfeinden, zum Erhalt der Funktionen/des Lebens, zum Anlocken von Fortpflanzungspartnern, zur Heilung ...

Diese Wirkungseigenschaften sind es auch, die wir Menschen uns zu Eigen machen.

Die Wirkung der ätherischen Öle definiert sich durch die Zusammensetzung der einzelnen Inhaltsstoffe – wir sprechen hier von Biochemie der Aromen –, welche sich je nach Pflanzengattung, Pflanzenart sowie Lage und klimatischen Bedingungen der einzelnen Pflanzen stark unterscheiden.

Gewonnen werden ätherische Öle mittels Wasserdampfdestillation, Extraktion (Lösungsverfahren) sowie Pressung (v. a. Zitrusfrüchte).

Heute setzen wir ätherische Öle in der modernen Medizin (z. B. Medikamente wie Lasea®, Legalon®) und Pflege, im Wellnessbereich, für Körper-/Schönheitspflege, in der Kosmetik, als Parfum, für psychisches und physisches Wohlbefinden sowie in der Ernährung ein.

Aromakultur, Aromamedizin, Aromapflege, Aromatherapie ,Aromawellness …

Ätherische Öle finden sich nicht nur mehr in den Duftlampen zur Weihnachtszeit wieder, sondern bereichern das ganze Jahr unser Leben. Sie erlauben es uns zum Beispiel, Kräuterpflanzen auch außerhalb der Saison für die Verfeinerung unserer Speisen zu verwenden.

Aber dieses Verfeinern der Speisen – also die Aromaküche per se – gestaltet sich oftmals schwieriger als angenommen, da ätherische Öle *lipophil* und *hydrophob* sind – also *fettliebend* und *Wasser abweisend*. Dies zeigt sich auch, wenn wir ätherische Öle in Wasser tropfen – es bilden sich Fettringe wie in einer Hühnersuppe.

Da wir ätherische Öle wegen ihres hohen Konzentration **NIEMALS** pur anwenden – **1 Tropfen z. B. Pfefferminze enthält ätherisches Öl aus über 4 großen, prall gefüllten Einkaufstaschen** – benötigen wir ein *Verdünnungsmittel*. Diese Verdünnungsmittel werden auch *Trägerstoffe* oder *Emulgatoren* genannt. Diese sind in der Regel sehr fetthaltig oder zumindest fetthindend.

Emulgatoren

Schlagobers/Sahne, Honig, Topfen/Quark, Milch mit hohem Fettgehalt, Mayonnaise, Senf, Zucker, Salz, Pflanzenöle, Butter, Zuckerlösung, Sirup, prickelndes Mineralwasser, Weingeist/Alkohol über 80 %
Verschiedene pflanzliche Emulgatoren: Solubol, Rizinusderivate und vieles mehr

» Was sind Hydrolate?

Hydrolate, die oft auch als Pflanzenwasser, Blütenwasser oder Hydrosol bezeichnet werden, enthalten viele wertvolle Pflanzenstoffe. Hydrolate wurden früher als Heilmittel hochgeschätzt und es wurde, wie in alten Büchern über Pflanzenheilkunde zu lesen ist, gezielt eine schier endlose Reihe von Pflanzenwässern hergestellt, um sie zu Heilzwecken verwenden zu können. Aber auch in der Küche wurden bereits häufig Hydrolate verwendet – denken Sie nur an Marzipan, Rosenwasser ist hier ein unverzichtbarer Bestandteil.

Im Lauf der Zeit hat sich der Fokus immer mehr auf ätherische Öle verlagert und Hydrolate wurden nur mehr als Nebenprodukte der Herstellung von ätherischen Ölen betrachtet.

Mittlerweile erleben die Hydrolate aber eine Renaissance – das Interesse an Pflanzenwässern ist wieder gestiegen und es gibt auch immer mehr Untersuchungen und Studien, die sich mit den pharmakologischen Wirkungen von Hydrolaten und deren klinischen Einsatzmöglichkeiten beschäftigen.

Hydrolate sind häufig genauso, manchmal sogar wirksamer als ätherische Öle – mit dem Vorteil, dass sie sehr gut verträglich sind und durch den sehr niedrigen Gehalt an ätherischen Ölen auch gut bei Babys, Kleinkindern und Personen mit empfindlicher Haut eingesetzt werden können; auch allergen wirksame Duftstoffe sind, wie Analysen der Hydrolate zeigen, wenn überhaupt, nur in sehr geringen, meist vernachlässigbar geringen Mengen enthalten.

Die Anwendung von Hydrolaten ist einfach und unkompliziert, da es keiner Emulgation bzw. Verdünnung bedarf und sie pur direkt auch auf die Haut aufgebracht werden können. Sie eignen sich daher besonders für den raschen Gebrauch bzw. zum Einstieg für Laien in die Aromatherapie/ Aromapflege.

Gewinnung von Hydrolaten

Hydrolate bestehen aus kondensiertem Wasser und Pflanzenstoffen und entstehen bei der Herstellung von ätherischen Ölen durch Wasserdampfdestillation.

Das Wasser wird erhitzt, der entstandene Wasserdampf durchdringt das Pflanzenmaterial und nimmt das ätherische Öl mit all den wertvollen Inhaltsstoffen auf. Der angereicherte Wasserdampf wird durch das Abkühlen wieder verflüssigt und somit fließt das Öl/Wassergemisch in die Florentinervase – durch dieses spezielle Gefäß lässt sich das ätherische Öl vom Hydrolat (Pflanzenwasser) trennen.

Für die Qualität der Pflanzenwässer sind bei der Wasserdampfdestillation folgende Kriterien wichtig:

- drucklose Destillationsanlage (offenes System)
- möglichst geringe Wasserdampf-Temperatur (schont hitzeempfindliche Inhaltsstoffe)
- Destillationsdauer
- optimale Einstellung Kondensator (Trennung ätherisches Öl/Hydrolat)
- Sauberes Arbeiten, um Verkeimung zu vermeiden

Nachstehend eine schematische Darstellung der Wasserdampfdestillation:

Quelle: sensoleo.eu

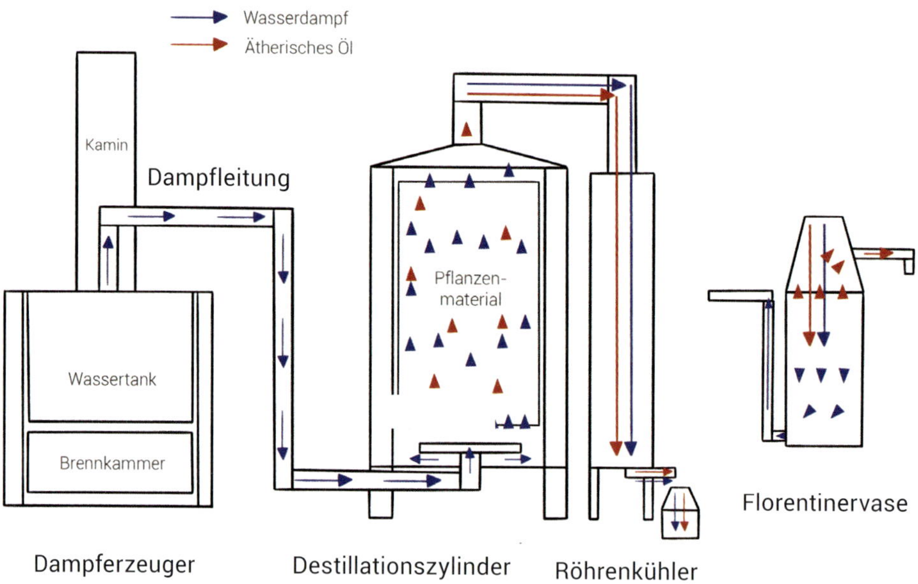

Bei anderen Verfahren zur Gewinnung von ätherischen Ölen, wie bei der Kaltpressung (Zitrusöle) oder Lösemittel-Extraktion, entstehen keine Hydrolate.

Hydrolate enthalten wasserlösliche Stoffe von Pflanzen. Sie sind nur begrenzt haltbar und sollten dunkel und kühl aufbewahrt werden. Je mehr ätherisches Öl ein Hydrolat enthält, desto haltbarer ist es.

Oft wird vom pH-Wert als Anhaltspunkt für die Haltbarkeit von Hydrolaten geschrieben, je niedriger der pH-Wert, desto länger ist das Hydrolat haltbar. Unsere Erfahrung ist jedoch, dass es hier keinen direkten Zusammenhang gibt, wir konnten feststellen, dass bei niedrigen pH-Werten (unter 4,5) eine Verkeimung meist in Form von Pilzen/Hefen vorliegt und darüber hinaus die Gesamtkeimzahl erhöht ist.

Eine Verkeimung kann nur durch mikrobiologische Untersuchung genau abgeklärt werden – hat ein Hydrolat aber einen unangenehmen Nebengeruch (leicht muffig) oder sollten im Hydrolat Wölkchen oder Schlieren sichtbar sein, ist dies ein Hinweis auf Verkeimung. Im Zweifelsfall sollten solche Hydrolate nicht mehr verwendet werden.

Bei der Lagerung von Hydrolaten ist besonders darauf zu achten, dass diese kühl und dunkel gelagert werden. Es muss nicht unbedingt der Kühlschrank sein, eine kühle Speisekammer oder ein Keller ist auch sehr gut geeignet. Wichtig ist eine konstante Lagertemperatur, um permanentes Verdunsten und Kondensieren zu vermeiden; ungünstig ist auch ein ständiges Öffnen der Flasche, da hier viel Sauerstoff zum Hydrolat gelangt, was so wie die vorher genannten Faktoren eine Verkeimung begünstigt, die Haltbarkeit des Hydrolats verringert und daher möglichst vermieden werden sollte.

Die Inhaltsstoffe von ätherischem Öl und Hydrolaten sind oft sehr unterschiedlich, wodurch sich auch der Geruch von ätherischen Ölen und deren Hydrolaten stark unterscheiden (z. B. Lavendel).

Lavandula angustifolia ätherisches Öl				
Peaks	RT (min)	Compound name	%	Allergens (%)
21	8,40	Limonene	0,75	0,75
26	9,15	cris-beta-Ocimene	4,88	
29	9,65	trans-beta-Ocimene	2,29	
63	22,75	trans-beta-Ocimene	13,11	13,11
65	23,62	Linalyl Acetate	48,57	
74	26,24	beta-Caryophyllene	3,31	
76	26,76	Lavandulyl Acetate	5,21	
88	31,67	E-beta-farnesene	2,32	
117	43,19	Geraniol	0,04	0,04
144	60,40	Coumarin	0,09	0,06
			80,57	13,99

Quelle: sensoleo.eu

Lavandula angustifolia Hydrolat					
Peaks	RT (min)	Compound name	%	mg/L	Allergens (%)
12	30,84	Linalool	8,38	5,866	5,866
22	38,42	Cryptone	3,77	2,639	
23	39,52	Cycopheptadien-1-one, 2	1,97	1,379	
24	39,83	alpha-Terpineol	1,96	1,372	
38	43,69	Citronellol	0,58	0,406	0,406
48	48,05	Geraniol	1,73	1,211	1,211
50	49,07	Benzylalcohol	0,14	0,098	0,098
66	59,50	Dione Compound	1,80	1,260	
68	60,72	Cuminol	6,49	4,543	
73	63,84	Eugenol	0,14	0,098	0,098
80	66,37	Phenol Methylethyl iso	1,55	1,085	
93	75,66	sesquiterpeneol Mw-222	1,90	1,330	
95	77,66	Coumarin	25,80	18,060	18,060
103	97,82	Herniarin	5,24	3,668	
			61,45		25,739

Quelle: sensoleo.eu

Die Inhaltsstoffe von Hydrolaten oder ätherischen Ölen können mithilfe der GC/MS-(Gaschromatografie mit Massenspektrometer) Technologie ermittelt werden; anbei als Beispiel ein Analysenergebnis von Fichten-Hydrolat.

Beim Kauf von Pflanzenwässern ist es wichtig, darauf zu achten, dass es sich um echte durch Wasserdampfdestillation gewonnene Hydrolate handelt und nicht nur um Wasser, das mit ein paar Tropfen ätherischem Öl versetzt wurde.

Customer :

SENSOLEO
For the attention of Daniel Fuchs **Pfarrhof 47,** **4092 ESTERNBERG** **AUSTRIA**

Sample Nature : HYDROLATE
Botanical name : PICEA ABIES
Sample name : PICEA ABIES
Batch number : BATCHNR. 19012
Origin : -
Plant part : NEEDLE
Our reference : DH20

Receipt : 24/11/2020
Analysis date : 15/12/2020
Packaging : Amber flask of 100 ml
Requested analysis : HYD GC
Sample storage : 1 year - room temperature

The above information is provided by the customer and sampling is under his responsibility

Comments and conclusions :

Report validated by :

Daniel Dantin - *Laboratory director*

Report written by :

Lucie Dubrunfaut - *Analyst technician*

MASS RESULTS : HYDROLATE PICEA ABIES - BATCH N° BATCHNR. 19012

Extraction :
50.955 g hydrosol + 51.848 g of hexane mixed during 2 hours to hexane reflux boiling point.
Separation and concentration of hexane to : 0.694 g
Direct Injection of hexane in GC/MS/FID.

Results :
- % of oil in concentred sample : 1.714%
- Concentration : 51.848 / 0.694 = 74.709

Composition :
- % of oil in concentred sample : 1.714%
- % of oil in hydrosol : 1.714 / 74.709 = 0.0229 %

For 1 liter of hydrolate : **Essential oil : 229 mg**
Ethyl alcohol : 18 mg
Methyl alcohol : 36 mg

GAS CHROMATOGRAPHY (according to the norm NF ISO 11024)

Analysis conditions :

. GC/MS Agilent 7890 / 5975 – Column : VF WAX (polaire) 60 m * 0.25 mm * 0.25 µm
. GC/FID Agilent 6890 – Column : VF WAX (polaire) 60 m * 0.25 mm * 0.25 µm
. Temperature program : 5 min to 60°C - 2°C/min until 250°C - 15 min to 250°C
. Carrier gas : He (23 psis/MS – 30 psis/FID)
. Sample injection / split : 1 µl of 10 % solution in hexane
. Mass range : 30 to 350 - Oil compounds are identified by a combination of retention times and mass spectra library (our own database and NIST commercial database).
. Percentages are calculated from GC/FID peaks areas without using corrections factors.
. Peaks identification limit : 0.1 %

Chromatographic profile :

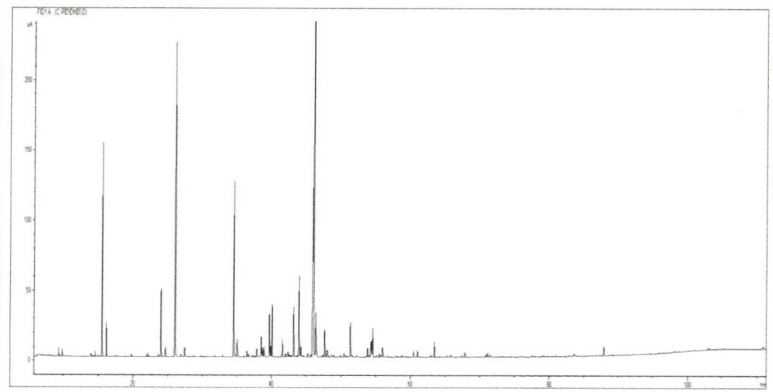

Identification results : HYDROLATE PICEA ABIES - BATCH N° BATCHNR. 19012

Peaks	RT (min)	Compound name	%	mg/L	Allergens (mg/L)
1	9.30	CAMPHENE	0.29	0.667	
2	9.81	HEXANAL	0.27	0.610	
3	14.56	1,8-CINEOLE, 2,3-DEHYDRO-	0.20	0.454	
4	15.55	**1,8-CINEOLE**	**8.44**	19.323	
5	16.14	2-HEXENAL	1.26	2.885	
6	22.18	PINOL	0.17	0.382	
7	23.69	COMPOUND Mw=152	0.13	0.291	
8	24.06	**1-HEXANOL**	**2.90**	6.634	
9	24.71	E-3-HEXEN-1-OL	0.43	0.978	
10	26.09	**Z-3-HEXEN-1-OL**	**15.08**	34.532	
11	26.93	FENCHONE	0.14	0.329	
12	27.47	2-HEXEN-1-OL	0.40	0.913	
13	32.96	LINALOOL trans-OXIDE	0.12	0.274	
14	34.51	**CAMPHOR**	**9.01**	20.635	
15	35.01	BENZALDEHYDE	1.02	2.336	
16	36.41	beta-PINOCAMPHONE	0.31	0.716	
17	36.66	LINALOOL	0.16	0.356	0.356
18	37.82	PINOCARVONE	0.41	0.935	
19	38.47	NOPINONE	1.06	2.432	
20	38.64	BORNYL ACETATE	0.42	0.959	
21	38.85	FENCHOL	0.54	1.232	
22	39.68	CAMPHENE HYDRATE	2.02	4.636	
23	39.87	CAMPHENE HYDRATE ISOMER	0.55	1.256	
24	40.08	TERPINENE-4-OL	2.27	5.206	
25	41.57	MYRTENAL	0.82	1.873	
26	42.03	COMPOUND Mw=152	0.18	0.414	
27	42.39	UMBELLULONE	0.23	0.532	
28	43.19	trans-PINOCARVEOL	2.40	5.498	
29	43.96	**ISOBORNEOL**	**3.88**	8.881	
30	44.24	CRYPTONE	0.59	1.341	
31	45.23	LAVANDULAL	0.18	0.415	
32	45.64	OCIMENONE ISOMER	0.13	0.287	
33	45.92	**alpha-TERPINEOL**	**7.62**	17.443	
34	46.07	**BORNEOL**	**22.17**	50.759	
35	46.40	VERBENONE	2.44	5.579	
36	47.66	PIPERITONE	1.57	3.585	
37	47.98	EXO-2-HYDROXYCINEOLE ACETATE	0.33	0.751	
38	48.05	CARVONE	0.25	0.572	
39	48.96	KETONIC COMPOUND Mw=150	0.11	0.254	
40	50.44	p-METHYLACETOPHENONE	0.25	0.580	
41	51.35	MYRTENOL	1.94	4.432	
42	51.62	CAMPHOLENOL	0.11	0.244	
43	53.83	trans-CARVEOL	0.44	1.002	
44	54.29	CAPROIC ACID	0.64	1.460	
45	54.40	m-CYMENE-8-OL	0.78	1.788	
46	54.57	p-CYMENE-8-OL	1.29	2.965	
47	55.52	BENZYL ALCOHOL	0.16	0.372	0.372
48	55.97	cis-CARVEOL	0.53	1.214	
49	60.47	3-HEXENOIC ACID	0.40	0.909	
50	61.05	2-HEXENOIC ACID	0.36	0.821	

Identification results : HYDROLATE PICEA ABIES - BATCH N° BATCHNR. 19012

Peaks	RT (min)	Compound name	%	mg/L	Allergens (mg/L)
51	63.47	METHYLEUGENOL	0.73	1.662	
52	65.84	CAPRYLIC ACID	0.13	0.294	
53	67.83	CYCLOHEXANEMETHANOL, 4-HYDROXY-alpha-alpha-4-TRIMETHYL	0.30	0.682	
54	71.12	EUGENOL	0.25	0.565	0.565
55	71.52	PHENOL, 4-ETHYL-	0.12	0.265	
56	83.60	BENZOIC ACID	0.22	0.509	
57	87.92	AROMATIC COMPOUND Mw=238	0.50	1.149	
58	103.01	PALMITIC ACID	0.12	0.270	
59	110.93	SQUALENE	0.18	0.405	
		TOTAL	**99.89**	**228.744**	**1.292**

Aromaküche mit Blütenwässern

» Von der Idee zur Umsetzung

Wenn also die Aromaküche hauptsächlich das Kochen und Backen mit ätherischen Ölen betrifft und es dazu auch schon eine Reihe an Kochbüchern gibt, warum sollte man nun mit Hydrolaten kochen?

Ganz einfach, weil

› Hydrolate meist viel feiner duften und auch schmecken als die ätherischen Öle
› sie nicht verdünnt werden müssen
› man daher auch keine komplizierten Dosiervorgaben beachten muss
› man vorab nicht mühsam Gewürz-Ölmischungen erstellen muss, von denen man dann nur wenige Tropfen benötigt
› bei einem Tropfen zu viel nicht gleich die ganze Mahlzeit überwürzt ist
› selbst Kindern das Kochen mit Hydrolaten leicht gelingt

Genau deshalb verfeinern wir unsere Gerichte gerne mit Hydrolaten. Und genau deshalb haben wir uns zu diesem Buch entschlossen. Wir möchten mit einfachen Tricks auch Ihre Küche aufpeppen.

Obwohl in unserem Autorenteam eine erfahrene Köchin mit dabei ist, sind all unsere Rezepte anfängertauglich. Weder sind Doris Gansinger, Daniel Fuchs oder Claudia Arbeithuber außerordentliche Hobbyköche noch sehr begabt in der feinen Küche der Backwaren, dennoch gelingt auch ihnen die Veredelung von Speisen mit Hydrolaten mehr als gut.

Unser Ansatz in der Umsetzung ist dabei immer gleich einfach:

Klein anfangen und groß durchstarten.

Nach diesem Motto können Sie bewährte Rezepte für Keks und Pralinen oder Liköre, Marmeladen und Fruchtsäfte mit Hydrolaten verfeinern.

Richten Sie sich zu Beginn nach folgenden Faustregeln:

- bei warmen Speisen erst zuletzt beimengen
- auf 1 l Flüssigkeit 2 bis 5 EL
- auf 1 kg Backmasse 5 bis 10 EL, da sich vieles beim Backen verflüchtigt
- bei kalten Desserts auf 1 l Masse ca. 4 EL

Man geht also in der Regel von einem Rezept aus, das bereits bekannt ist. Ein Kuchen oder auch eine Hauptspeise, die man bereits häufig gemacht hat.

Dann überlegt man, welche Geschmacksrichtung, welche Duftnote könnte dieses Rezept noch verfeinern. Oft stellen wir uns dabei das fertige Gericht vor und schnuppern an den Hydrolaten, um die Auswahl zu erleichtern.

Gern kann man auch an den Hydrolaten probieren. Vor allem, wenn man den eigentlichen Geschmack noch nicht einschätzen kann, erleichtert dies die Auswahl.

Hat man aber erst einmal seine Wahl getroffen, kann es schon losgehen.

Wir machen uns ans Werk

- Grundrezept auswählen
- Hydrolat auswählen
- Dosierung beachten: Weniger ist mehr, noch weniger ist noch mehr
- Bei warmen Speisen zum Schluss beimengen
- Eventuell Schneidbretter oder Servierformen besprühen

Was lässt sich alles verfeinern?

- Kuchen, Torten, Muffins, Kekse; Knabbergebäck; Mousse, Souffle; Eis, Sorbet, Parfait
- Getränke, Limonaden; Soßen, Gelees, Marmeladen; Zucker, Sirupe, Liköre
- Vorspeisen, Hauptspeisen, Salate, Snacks, Nachspeisen; Beilagen: Reis, Kartoffeln, Knödel uvm.

Lassen Sie Ihren Ideen und Ihrer Kreativität freien Lauf und Sie werden merken, da gibt es eine unendliche Fülle an Experimentiermöglichkeiten.

Erste einfache Rezepte

» Die Basics

Aller Anfang ist schwer, so auch in der Aromaküche. Daher möchten wir hier ein paar Basics vermitteln, welche Speisen man auf einfachste Weise verfeinern kann.

Aromatisieren von Getränken

Mit dem Sprühaufsatz der Hydrolate lassen sich relativ leicht und unkompliziert die ersten Gehversuche wagen.

So können Sie etwa zwei Mal mit einem Hydrolat in eine Kaffee- oder Teetasse sprühen, bevor sie das Heißgetränk einfüllen.

Hier eignen sich etwa:
- Lavendel-Hydrolat für Kaffee
- Rosen-Hydrolat für Latte macchiato
- Bergamotteminzen-Hydrolat für Schwarztee
- Pfefferminz-Hydrolat für Kakao
- Schafgarben-Hydrolat für Kräutertees

Aber auch Kaltgetränke lassen sich einfach verfeinern. Gerne bieten wir bei unseren Kursen etwa Mineralwasser mit Pfefferminz-Hydrolat (10 ml auf 1 l Mineralwasser) an. Und bei den Zertifikatsübergaben nach absolvierter Aromatologenprüfung reichen wir zur Feier des Tages Prosecco mit Bergamotteminzen-Hydrolat (je Glas 5 ml Hydrolat).

Bergamotteminzen-Prosecco

Zutaten

- 150 ml Prosecco
- 5 ml Bergamotteminzen-Hydrolat
- Limettenscheibe

Versuchen Sie einmal:

Fichten-Hydrolat in Erdbeermarmelade

Schafgarben-Hydrolat in Nussschnaps

Zitronenmelisse-Hydrolat in Hollersaft

Selbst Ansätze, Liköre oder selbst gemachte Sirupe sowie Marmeladen lassen sich mit etwas Hydrolat noch zu etwas ganz Besonderem verzaubern.

Wichtig dabei ist, dass die Hydrolate jeweils in das fertige Produkt eingerührt werden. Also erst wenn der Ansatz, der Likör fertig zum Abfüllen ist, wird das Hydrolat beigefügt. Erst wenn die Marmelade auf handwarm abgekühlt ist und abgefüllt werden kann, rührt man das Hydrolat ein und schmeckt es nochmals ab.

Aromatisierte Marmelade

Zutaten

- ca. 250 g Marillenmarmelade
- Schraubverschlussglas
- Lavendel-Hydrolat

Marillenmarmelade wie gewohnt zubereiten oder bereits fertige Marmelade verwenden.

Durch Rühren leicht abkühlen lassen. Sobald die Marmelade handwarm ist, werden auf 250 g Marmelade 2 TL Lavendel-Hydrolat eingerührt, noch lauwarm in Gläser abfüllen.

Aromatisierte Marmeladen sind bei richtiger Lagerung ebenso lange haltbar wie normale Marmeladen.

Hydrolat-Eiswürfel

Zutaten

- Eiswürfelform
- Rosenblütenblätter
- 200 ml Rosen-Hydrolat
- Himbeeren

Mit den Eiswürfeln lassen sich Getränke und Drinks aromatisieren:

Minzblatt und Pfefferminz-Hydrolat für Mineralwasser

Rosenblütenblätter und Rosen-Hydrolat für Prosecco

Lavendelblüten und Lavendel-Hydrolat für Mutige in ein Glas Bier

Schafgarbenblüten und Schafgarben-Hydrolat in Eistee

In jedes Eiswürfelfach 1 Himbeere und ein Rosenblütenblatt legen.

Mit Rosen-Hydrolat aufgießen und kalt stellen.

Wer nun auf den Geschmack gekommen ist, kann diese einfache Zubereitung natürlich noch ausbauen und auch ätherische Öle damit kombinieren. Dazu bedarf es aber eines Emulgators. Wir verwenden hierfür Zitronensaft.

Nachfolgendes Beispiel kann nach Geschmack beliebig abgeändert werden:

1 EL Zitronensaft plus 1 Tropfen ätherisches Öl Bergamotte mit 200 ml Zitronenmelissen-Hydrolat aufgießen, in die Eiswürfelformen füllen und kühlen.

Die Herstellung von Aromadrinks vervollständigt ihre Aromaküche.

Sie können bei Grillpartys, Familienfeiern und entspanntem Essen einfache Mixgetränke anbieten, die ihre Gäste so noch nicht probiert haben.

Als Grundlage für die Drinks dienen Mischungen aus Akazienhonig mit Hydrolat und ätherischen Ölen. Diese können gut vorbereitet und kalt gestellt werden, bis man sie benötigt.

Zitrusgarten

Zutaten

- 250 g Akazienhonig
- 2 cl Zitronensaft
- 12 cl Neroli-Hydrolat
- 12 cl Bergamottminze-Hydrolat
- 6 Tr. Orange äth. Öl
- 4 Tr. Grapefruit äth. Öl

Ätherische Öle in den Honig rühren, mit Zitronensaft und Hydrolat aufgießen und alles miteinander verschütteln.

Bali

Zutaten

- 250 g Akazienhonig
- 2 cl Zitronensaft
- 12 cl Rosen-Hydrolat
- 6 Tr. Ingwer äth. Öl
- 1 Tr. Pfeffer, grün äth. Öl
- 1 Tr. Pfefferminze äth.Öl
- 2 Tr. Vanille äth. Öl

Ätherische Öle in den Honig rühren, mit Zitronensaft und Hydrolat aufgießen und alles miteinander verschütteln

Diese Hydrolat-Ätherische-Öl-Mischung sind etwa 2 Tage im Kühlschrank haltbar. Nun müssen Sie nur noch gut gekühlte Fruchtsäfte oder Sekt mit der Mischung verrühren und mit Eiswürfeln oder Crash-Eis servieren. Dafür benötigen Sie ungefähr 1 Esslöffel pro Drink.

Zitrusgarten können Sie gut in Orangensaft oder Apfelcider mixen. *Bali* eignet sich gut für Mandarinen- oder auch Bananensaft sowie Aperol.

Aromadrinks

Zutaten

- 1 EL *Zitrusgarten*-Hydrolatmischung
- 200 ml Apfelcider
- 50 ml Orangensaft
- mit Minzblättern servieren

Zutaten

- 1 EL *Bali*-Hydrolatmischung
- 100 ml Orangensaft
- 100 ml Bananensaft
- 30 ml Aperol
- mit Annanasstücken oder Orangenscheiben servieren

Aromatisieren von Snacks

Auf einfache Art und Weise lassen sich auch Rohkostteller oder Keks aromatisieren. Für Sie einfach umzusetzen und für Ihre Gäste ein völlig neues Geschmackserlebnis. Einfach die Speisen vor dem Servieren mit 2 Sprühern Hydrolat benetzen.

Hier eignen sich besonders Pfefferminz-, Rosen-, Salbei-, Orangenblüten oder auch Zitronenmelissen-Hydrolat.

Bei Kindern sehr beliebt sind Salzcrackers mit Pfefferminz-Hydrolat.

Sie sehen also, mit nur einigen wenigen Sprühern aus dem Hydrolatfläschchen lassen sich viele unserer alltäglichen Speisen zu etwas Besonderem verzaubern. Seien Sie mutig und starten Sie einfach durch.

Beginnen Sie mit Lavendel-Hydrolat, Orangenblüten-Hydrolat, Pfefferminz-Hydrolat oder Rosen-Hydrolat. Auch wir starten unseren Rezeptteil mit diesen Hydrolaten, da deren Geschmack viele Speisen bereichert und auch von Laien immer positiv bewertet wird.

In unserem Rezeptteil folgen schließlich für alle geübten Anwender noch die Hydrolate von:

Angelikasamen, Angelikawurzel, Bergamotteminze, Douglasie, Fichte, Hanf, Heublume, Kamille, Kiefer, Lärche, Riesentanne, Salbei, Schafgarbe, Weißtanne und Zitronenmelisse.

Viel Spaß beim Ausprobieren!

Einsteiger-Hydrolate

Steckbriefe & Rezeptsammlung

Lavendel-Hydrolat

Pflanzenname deutsch/lateinisch	Lavendel – *Lavandula angustifolia M.* oder *Lavandula officinalis*
Pflanzenfamilie	Lippenblütler – *Lamiaceae*
Typische Herkunft	Österreich, Süd-Frankreich, Balkan, Italien, Nordafrika, Spanien, Griechenland
Pflanzenmaterial	blühende Rispe (bei minderer Qualität auch das Kraut)
Ausbeute an ätherischem Öl	aus 60 kg Blütenripsen wird 1 Liter ätherisches Öl gewonnen
Geruchsqualität	krautig-würzig, kaum lavendelig
Geschmacksrichtung	bitter-süß
Mögliche Allergene**	Linalool, Cumarine
Passt für	Süßspeisen, Fleisch, Brot

** lt. Senseolo.eu

» Wissenswertes zum Lavendel

Die Blüten des echten Arzneilavendels enthalten ein ätherisches Öl mit den Hauptkomponenten *Linalylacetat* und *Linalool*, die den Einsatz bei Unruhezuständen, Einschlafstörungen, nervösen Beschwerden aller Art und zur Unterstützung der Wundheilung sinnvoll machen. Beim Menschen konnte ein Effekt auf den limbischen Cortex (ähnlich Nitrazepam) und bei Tieren eine Verminderung der motorischen Aktivität sowie eine Verkürzung der Einschlafphase und Verlängerung der Schlafdauer nachgewiesen werden.

Die Einsatzmöglichkeiten für das Hydrolat sind vielfältig – es kann zur Hautpflege, für Kompressen und als Vollbad verwendet werden. Den Duft des Lavendelwassers kann man verbessern, indem man eine Spur Rosen- oder Pfefferminzwasser zufügt. Aus englischen

Kliniken wird berichtet, dass Lavendel-Hydrolat, wenn man es aufgrund seiner ausgleichenden und beruhigenden Wirkung abends im Patientenzimmer versprüht, die Einnahme von Schlafmitteln nachhaltig verringert. Einige Tropfen Lavendelwasser in die Bettwäsche geträufelt, vertreibt auch Milben und fördert den Schlaf.

Wichtig zu wissen ist, dass sich das sogenannte *Lavandin-Öl* in seinen Inhaltsstoffen und seinen Wirkungen vom Öl des *Arzneilavendels* unterscheidet, was bei einer aromatherapeutischen Verwendung beachtet werden muss. *Lavandin-Öl* wird aus dem Lavandin-Lavendel gewonnen, einer Lavendelart, die durch Kreuzung verschiedener Lavendelsorten entstanden ist.

Duftlampe

Lavendel-Hydrolat kann man, so wie alle anderen Hydrolate auch, mit 1–2 Tropfen ätherischen Öls versehen und in eine Duftlampe oder einen Aromadiffuser geben.

Als Lernhilfe

von Ingrid Kleindienst-John

Lavandin-Hydrolat in der Duftlampe, kombiniert mit einem Tropfen ätherischen Grapefruitöls und einem Tropfen ätherischen Lavendelöls, hilft beim Lernen!

Tomatencremesuppe

mit Makrelenfilet und Lavendel

Portionen: 4 Personen, Zeitaufwand: ca. 40 Minuten

Zutaten

- 300 g geräucherte Makrelenfilets ohne Haut
- 400 g Tomaten
- 600 ml Gemüsefond
- Salz, Pfeffer
- 1 Zitronengras-Stange
- 10 g Ingwer
- 4 Schalotten
- 1 EL Fischsauce
- 2 Knoblauchzehen
- 50 ml Lavendel-Hydrolat

Die Makrelenfilets putzen und in größere Stücke schneiden. Die Tomaten halbieren, entkernen und in kleine Würfel schneiden.

Die Suppe aufkochen und das Zitronengras, Ingwer, Schalotten und Knoblauch dazugeben, ca. 20 Minuten köcheln lassen.

Makrelen, Tomaten, Chili, Fischsauce dazugeben und weitere 5 Minuten köcheln lassen.

Mit Limettensaft und Lavendel-Hydrolat abschmecken.

Geschmorter Kürbis

Portionen: 2 Personen, Zeitaufwand: ca.60 Minuten

Zutaten

- 1 kleiner Kürbis (Hokkaido, Butternuss ...)
- 50 ml Hydrolat
- 2 Knoblauchzehen
- 30 EL gehackte Erdnüsse
- 1 roter Paprika
- 1 Zwiebel
- 1 Bund Koriander
- Salz, Pfeffer

Kürbis waschen, den Deckel abschneiden und mit einem Löffel das Kerngehäuse entfernen.

Die Zwiebel schälen, in Würfel schneiden, den Knoblauch schälen, den Paprika grob schneiden und den Kürbis mit allen Zutaten füllen. Salzen und Hydrolat dazugeben.

Anschließend auf dem Grill oder im Backrohr bei 180 °C je nach Größe 40–55 Minuten dünsten, bis er weich ist.

Kürbis-Lavendel-Hydrolat-Kuchen

Portionen: 4 Personen, Zeitaufwand: ca.60 Minuten

Zutaten

- 5 Eier
- 2 Tassen Zucker
- 1 Tasse Öl
- 3 Tassen Mehl
- 1 Tasse Haselnüsse, gerieben
- 2 Tassen Kürbisfleisch, geraspelt
- 2 Pkg. Vanillezucker
- Rum
- 1½ TL Backpulver
- Saft einer Orange
- 20 ml Lavendel-Hydrolat

Eier und Zucker aufschlagen und Rum beifügen – Mehl, Nüsse und Backpulver vermischen und langsam mit Öl verrühren – Kürbis dazugeben – alles vermengen und zu zarter Masse verrühren, abschließend das Lavendel-Hydrolat unterheben.

Teig in bemehlte Kastenform geben, 40 Minuten bei 185 °C backen.

Lavendel-Mandel-Muffins

Portionen: 4 Personen, Zeitaufwand: ca.50 Minuten

Zutaten

- 250 g Weizenmehl
- 3 TL Backpulver
- 1 Ei
- 150 g Zucker
- 1 Päckchen Vanillezucker
- 8 EL Sonnenblumenöl
- 150 g Buttermilch
- 100 g Mandeln, gemahlen
- 25 ml Lavendel-Hydrolat

Das Ei schaumig rühren, Zucker, Vanillezucker, Öl und Buttermilch unterrühren. Das Mehl mit dem Backpulver vermischen, sieben und dazugeben. Die Mandeln und das Lavendel-Hydrolat unterrühren (wenn der Teig zu fest ist, noch 1-2 EL Buttermilch dazugeben) und den Teig in Muffinförmchen füllen.

Im vorgeheizten Backofen bei 180 °C 20–25 Minuten backen.

Diese Menge ergibt ca. 12 Muffins.

Lavendel-Panna-Cotta

Portionen: 2 Personen, Zeitaufwand: ca.60 Minuten

Zutaten

- 500 ml Schlagobers/Sahne
- 3 EL Zucker
- 125 ml Milch
- 1 Vanilleschote
- 4 Blatt Gelatine
- 30 ml Lavendel-Hydrolat

Schlagobers mit der aufgeschnittenen Vanilleschote, dem Zucker und der Milch erhitzen.

Die Gelatine in kaltem Wasser einweichen, ausdrücken. Vanilleschote entfernen, Gelatine und das Lavendel-Hydrolat einrühren, einige Minuten glatt rühren, wobei die Masse nicht kochen darf.

In Förmchen füllen und im Kühlschrank einige Stunden fest werden lassen.

Himbeeren-Lavendel-Lassi

Portionen: 4 Personen, Zeitaufwand: ca.10 Minuten

Zutaten

- 400 g Himbeeren
- 400 g Joghurt
- 300 ml Buttermilch
- 30 ml Lavendel-Hydrolat
- 2 EL Honig
- 1 Prise Kardamom
- Wasser

Alle Zutaten mit dem Stabmixer fein pürieren. Wasser nach gewünschter Konsistenz zufügen.

Orangenblüten-Hydrolat
Neroli-Hydrolat

Pflanzenname deutsch/lateinisch	Neroli *Citrus aurantium*
Pflanzenfamilie	*Rautengewächs – Rutaceae*
Typische Herkunft	Tunesien, Süd-Frankreich, Süd-Italien, Portugal, Nordafrika
Pflanzenmaterial	Blüten des Bitterorangenbaumes
Ausbeute an ätherischem Öl	aus 1.000 kg Blüten wird 1 Liter ätherisches Öl gewonnen
Geruchsqualität	blumig-herb, fruchtig, frisch, süß
Geschmacksrichtung	bitter-herb, ev. leichte Schärfe
Mögliche Allergene**	Linalool, Geraniol
Passt für	Süßspeisen, Geflügel, Konfekt, Lassi/Milchshake, Currygerichte, Drinks

** lt. Senseolo.eu

» Wissenswertes zu Orangenblüten

Aus den Blüten der Bitterorange wird das wertvolle und teure Neroliöl gewonnen. In der Aromatherapie wird das Neroliöl wegen seiner entspannenden, ausgleichenden, stimmungsaufhellenden und das Wohlbefinden fördernden Eigenschaften sehr geschätzt.

Das Orangenblüten-Hydrolat wird neben seinem Einsatz in der Küche auch als Hausmittel verwendet z. B. zur Beruhigung, gegen Prüfungsangst, bei Stimmungsschwankungen sowie bei schlechter Laune, depressiven Verstimmungen und als Badewasserzusatz bei Schreibabys. Auch bei Problemen mit trockener, irritierter Haut wird seine Anwendung empfohlen, sowie insbesondere zur Pflege alternder Haut und Problemen mit Akne.

Das weithin bekannte und beliebte ätherische Öl der Süßorange wird nicht durch Destillation, sondern durch Anritzen und Auspressen der Schalen gewonnen – Hydrolate entstehen hierbei nicht.

Karotten-Orangenblüten-Cremesuppe

Portionen: 4 Personen, Zeitaufwand: ca. 40 Minuten

Zutaten

- 300 g Karotten
- 1 EL Rapsöl
- 50 g Haferflocken
- 1,5 l Gemüsefond
- 60 g Zwiebel
- 100 g Sellerie
- 50 g Schlagobers/Sahne
- Salz, Pfeffer, Muskat
- 50 ml Orangenblüten-Hydrolat

Sellerie und Zwiebel schälen und kleinwürfelig schneiden. Das restliche Gemüse ebenso klein würfeln. Zwiebel in etwas Öl anschwitzen, Gemüse und Haferflocken zugeben und mit Gemüsefond aufgießen, Schlagobers und Gewürze dazugeben und alles weich dünsten. Danach mit dem Stabmixer pürieren und mit dem Orangenblüten-Hydrolat abschmecken.

Bohnen-Orangenblüten-Aufstrich

Portionen: 4 Personen, Zeitaufwand: ca. 50 Minuten

Zutaten

- 350 g weiße Bohnen gekocht (ca. 140 g roh)
- 150 g Mandeln, geschält
- 1 Knoblauchzehe, gehackt
- Thymian frisch
- Salz, Pfeffer
- 20 ml Orangenblüten-Hydrolat

Bohnen und Mandeln sowie das Orangenblüten-Hydrolat glatt pürieren und mit heißem Wasser auf die gewünschte Konsistenz bringen. Knoblauchzehe dazugeben. Den Aufstrich mit Thymian, Salz und Pfeffer abschmecken.

Steckerlbrot

Portionen: 4 Personen, Zeitaufwand: ca. 50 Minuten

Zutaten

- 250 g Mehl
- 200 ml warmes Wasser
- (Kräuter)salz
- 1 Knoblauchzehe, zerdrückt
- 1 TL Backpulver
- Gewürze nach Belieben Curry, Paprika ...
- 10 ml Orangenblüten-Hydrolat

Alle Zutaten vermischen und den Teig gut kneten. 20 Minuten rasten lassen.

Entweder als Fladen verwenden oder in ca. 2 bis 3 cm dicken Schlingen um die Spieße wickeln und ca. 15 Minuten backen! Mit dem Orangenblüten-Hydrolat einstreichen und genießen.

Aromatisierter Tee

Zutaten

- je 10g Ringelblumenblüte, Salbeiblüte, Pfefferminzblätter, Malvenblüten – getrocknet (oder ihre persönliche Lieblings-Teemischung)
- Schraubverschlussglas
- Orangenblüten-Hydrolat

Das Glas mit Orangenblüten-Hydrolat gut einsprühen, leicht antrocknen lassen, Teemischung einfüllen, leicht schütteln und kopfüber mindenstens 1 Tag stehen lassen.

Danach nochmals für einige Stunden öffnen, damit ev. gebildetes Kondenswasser wieder verdunstet.

Tee portionsweise mit heißem Wasser zubereiten.

Aromatisierte Teemischungen sind bei guter Lagerung ebenso lange haltbar wie normale Teemischungen.

Vanillezauber

Portionen: 2 Personen, Zeitaufwand: ca. 60 Minuten inkl. Kühlen

Zutaten

- 250 ml Milch
- 3 Dotter
- 1 TL Vanillezucker
- 5 dag Honig
- 3 dag Maisstärke
- 2 Eiklar
- 2 Tropfen Vanilleextrakt
- 1 TL Orangenblüten-Hydrolat (es eignet sich auch Rosen- oder Lavendel-Hydrolat)

Milch, Dotter, Stärke, Vanillezucker und Honig über Dampf aufschlagen, bis die Creme fest wird, abkühlen lassen.

Schnee schlagen, ev. mit ätherischen Ölen verfeinern (z. B. Vanilleextrakt), in die Creme unterheben, in Gläser zuerst 1 TL Marmelade nach Wahl und danach Creme abfüllen, vor dem Servieren mit einem Sprüher Orangenblüten-Hydrolat verfeinern.

Apfelgranité (Eisspeise)

Portionen: 3 Personen, Zeitaufwand: ca. 120 Minuten

Zutaten

- 4 Äpfel geschält und in Würfel geschnitten
- 100 ml Apfelsaft
- 30 ml Orangenblüten-Hydrolat
- 6 EL Alkohol nach Belieben

Apfelstücke, Saft, Alkohol, Orangenblüten-Hydrolat mit einem Standmixer gut mixen und durch ein Sieb streichen.

Auf ein Blech streichen und in den Gefrierschrank stellen. Mit einem Löffel alle 30 Minuten aufrühren, damit sich Eiskristalle bilden können.

Optional die Apfelmasse in einen Gefrierbeutel geben und 3 Stunden frieren lassen. Danach wie Crash-Ice klopfen.

Pfefferminz-Hydrolat

Pflanzenname deutsch/lateinisch	Pfefferminze *Mentha x piperita*
Pflanzenfamilie	Lippenblütler – *Lamiaceae*
Typische Herkunft	Österreich, Deutschland, Indien, Frankreich, Nordafrika
Pflanzenmaterial	gesamtes Kraut
Ausbeute an ätherischem Öl	aus 50 kg Kraut wird 1 Liter ätherisches Öl gewonnen
Geruchsqualität	frisch, minzig, pfeffrig
Geschmacksrichtung	frisch, kühlend, „After eight", leicht pfeffrig-scharf
Passt für	Fisch, Fleisch, Erfrischungsgetränke, Süßspeisen, Eis, Melonen

» Wissenswertes zur Pfefferminze

Für die Pflanzenheilkunde ist die Pfefferminze aufgrund des enthaltenen Menthols eine sehr wichtige Pflanze; vor allem für das Pfefferminzöl liegen mittlerweile auch zahlreiche wissenschaftliche Wirksamkeitsstudien vor.

In einer klinischen Studie bei Patienten mit Spannungskopfschmerz war z. B. das Pfefferminzöl äußerlich aufgetragen gleich wirksam wie das synthetische Schmerzmittel Paracetamol.

Ein Tee aus Pfefferminzblättern wird zur Linderung von krampfartigen Beschwerden im Magen-Darm-Trakt und bei Verdauungsstörungen empfohlen.

Nicht anwenden darf man das ätherische Öl bei Säuglingen, Kleinkindern und Schwangeren, die zu vorzeitigen Wehen neigen.

Das Pfefferminz-Hydrolat kann ebenfalls sehr vielfältig eingesetzt werden. Die Empfehlungen reichen z. B. von einer Verwendung als erfrischender Body Splash im Sommer, gegen schwere Beine und starkes Schwitzen bis zu einer Anwendung als Hausmittel zur Reinigung von Aknehaut und Linderung von Blähungen sowie Entzündungen im Darm. Bei Autofahrten ist das Pfefferminzwasser darüber hinaus als erfrischender Spray und gegen Reiseübelkeit nützlich.

Pfefferminztee

Für eine Tasse Tee 2–3 TL getrocknete Blätter verwenden und den Tee langsam, warm und schluckweise trinken.

Empfohlen wird 3–4 Mal täglich 1 Tasse zwischen den Mahlzeiten.

Die Verwendung größerer Mengen als angegeben, sowie die Verwendung über einen längeren Zeitraum sollte nur in Absprache mit einem Phytotherapeuten erfolgen.

Anstelle der Pfefferminzblätter können Sie zum Aromatisieren des Tees natürlich auch das Hydrolat verwenden.

Tomatenbutter

Portionen: 3–4 Personen, Zeitaufwand: ca. 5 Minuten

Zutaten

- 150 g Butter oder Margarine
- 4 EL Tomatenmark
- 2 Tomaten
- 2 EL Pfefferminz-Hydrolat
- Basilikum, Salz

Tomaten und Basilikum waschen und fein schneiden.

Die Butter schaumig schlagen und die restlichen Zutaten untermischen.

Pfefferminz-Kräutertopfen

Portionen: 2 Personen, Zeitaufwand: ca. 10 Minuten

Zutaten

- 200 g Topfen/Quark
- 5 EL Sauerrahm
- 1 TL Dillspitzen
- ½ TL Thymian, getrocknet
- Salz, Pfeffer, Kurkumapulver zum Abschmecken
- Schraubverschlussglas
- 2 EL Pfefferminz-Hydrolat

Topfen und Sauerrahm verrühren, mit Gewürzen abschmecken und abschließend Pfefferminz-Hydrolat einrühren, abfüllen, kühl stellen.

Mit Rohkost und Baguette servieren!

Radieschen-Joghurt-Hummus

Portionen: 2 Personen, Zeitaufwand: ca. 10 Minuten

Zutaten

- x 200 g Kichererbsen, gekocht
- x 8 Stück Radieschen
- x ½ TL Salz
- x 2 TL Tahini Sesammus
- x 2 EL veganes Joghurt
- x 1 EL Zitronensaft
- x 1 EL Olivenöl
- x 1 kleine Knoblauchzehe
- x Dill
- x 2 EL Pfefferminz-Hydrolat

Alle Zutaten gut pürieren. Für eine festere Konsistenz etwas mehr Kichererbsen verwenden, für eine flüssigere Konsistenz mehr Joghurt.

Nach Belieben mit Gewürzen abschmecken.

Ingwer-Minze-Pesto

Portionen: 4 Personen, Zeitaufwand: ca. 50 Minuten

Zutaten

- x 20 g Ingwer
- x 1 Knoblauchzehe
- x 2 Handvoll Minzblätter
- x 2 Limetten
- x 60 g Walnusskerne
- x 1 kleine Chili
- x 140 ml Sonnenblumenöl
- x Salz, Pfeffer
- x 20 ml Pfefferminz-Hydrolat

Ingwer und Knoblauch schälen und grob schneiden. Die Minze waschen und trocken schütteln. Die Limetten auspressen.

Alle Zutaten in einen kleinen Behälter geben und mit dem Stabmixer gut mixen.

Das Pesto eignet sich sehr gut für Nudelgerichte.

Tataki-Minz-Hühnerbrust

Portionen: 4 Personen, Zeitaufwand: ca. 50 Minuten

Zutaten

- 500 g Hühnerbrust
- 10 g Ingwer
- 10 ml Sesamöl
- 10 ml Teriyakisauce
- 20 ml Sojasauce
- 1 Knoblauchzehe
- 1 TL Koriander, gemahlen
- 1 TL Kreuzkümmel, gemahlen
- 20 g Zwiebel
- 20 g Erdnüsse
- 30 ml Pfefferminz-Hydrolat
- 1 kleiner Bund Koriander, frisch

Knoblauch, Zwiebel und Ingwer schälen. Teriyaki, Sojasauce, Pfefferminz-Hydrolat, Zwiebel, frischen Koriander, gemahlenen Koriander, gemahlenen Kreuzkümmel, Erdnüsse, Ingwer, Zwiebel, Knoblauch und Sesamöl mit einem Stabmixer gut mixen.

Die Hühnerbrüste schön putzen, mit der Marinade einreiben und 20 Minuten ziehen lassen.

In einer heißen Pfanne scharf anbraten und im Backrohr 10–15 Minuten bei 180 °C garen.

Pfefferminzcreme, kalt

Portionen: 2 Personen, Zeitaufwand: ca.50 Minuten

Zutaten

- 100 g Zucker
- 1 Zitrone
- 1 Orange
- 2 EL Speisestärke
- 2 Eier
- ca. 10 ml Pfefferminz-Hydrolat

Eigelb und Zucker über Wärme langsam aufschlagen, Stärke beimengen, Schnee schlagen, Früchte auspressen und gewonnenen Saft erwärmen, unter die Masse heben und glatt verrühren. Von Wärmequelle wegnehmen, Schnee noch unter warme Masse ziehen, abschließend Pfefferminz-Hydrolat eintropfen lassen und vermengen.

Masse in Portionsschalen abfüllen und erkalten lassen.

Sollte die Masse jemandem zu intensiv schmecken – einen Becher Schlagobers schlagen und unter die nur noch lauwarme Masse rühren!

Ananas-Pfefferminze-Drink

Portionen: 4 Personen, Zeitaufwand: ca. 10 Minuten

Zutaten

- 1 Ananas – schälen und in Stücke schneiden
- 50 ml Pfefferminz-Hydrolat
- 700 ml Wasser
- Eiswürfel
- Zucker nach Geschmack

Alle Zutaten in den Standmixer geben und gut mixen. Sieben und servieren.

Schokoladentafel „Nach acht"

Rezept nach Christine Tisch

Portionen: ca. 10 Personen, Zeitaufwand: ca. 10 Minuten und 2 Stunden Wartezeit

Zutaten

- 1200 g Kochschokolade
- 5 ml Pfefferminz-Hydrolat
- 5 dag Staubzucker

Pfefferminz-Hydrolat mit Zucker verrühren – es entsteht eine sehr zähe Masse.

Schokolade im Wasserbad schmelzen, die Hälfte der Masse der Schokolade auf ein Backblech ausgießen, erhärten lassen. Darauf die Pfefferminzmischung verstreichen, nochmals hart werden lassen, die zweite Schicht Schokolade darübergeben.

Im festen Zustand schließlich in kleine Würfel schneiden.

Rosen-Hydrolat

Pflanzenname deutsch/lateinisch	Damascena Rose – *Rosa x damascena Mill.* (wird oft auch aus *Rosa alba*, *Rosa gallica* oder *Rosa centifolia* gewonnen)
Pflanzenfamilie	Rosengewächs – *Rosaceae*
Typische Herkunft	Bulgarien*, Türkei, Iran, Afghanistan und Nordafrika
Pflanzenmaterial	Blütenblätter
Ausbeute an ätherischem Öl	aus 5.000 kg Blüten wird 1 Liter ätherisches Öl gewonnen
Geruchsqualität	blumig, rosig, frisch
Geschmacksrichtung	blumig, rosig bis leicht bitter
Passt für	Süßspeisen, Marzipan, alkoholische Mixgetränke, Punschglasur, Zuckerl/Bonbons

* Angaben Sensoleo

» Wissenswertes zur Rose

In der Pflanzenheilkunde werden Rosenblüten, ätherisches Öl und Hydrolat vermutlich seit Jahrtausenden verwendet. Die Blüten enthalten das wertvolle Rosenöl und Gerbstoffe, die den Einsatz der Rosenblüten als Teeaufguss bei leichten Entzündungen der Mund- und Rachenschleimhaut sinnvoll machen. In der Volksmedizin wird der Tee innerlich auch bei Durchfall und Asthma verwendet.

Rosenduft erzeugt eine entspannte, ausgeglichene Atmosphäre und die Inhalation des Duftes beim Schlafen soll auch das Gedächtnis stärken und beim Lernen helfen.

Rosen-Hydrolat wird neben der Verwendung in der Küche gerne auch als erfrischendes und entzündungshemmendes Hautpflegemittel eingesetzt und ist genauso wie der Teeaufguss als Hausmittel bei vielen Schleimhautproblemen nützlich.

Rosenwasser wurde früher aufgrund seines hohen Gehalts an schmerzstillendem Phenylethanol auch als Lokalanästhetikum eingesetzt, wodurch seine Verwendung auch bei allen Arten von Hautjucken sinnvoll ist.

Rosenblütentee

1–2 g getrocknete Blüten auf eine Tasse (200 ml) Wasser, bis zu 3 Tassen täglich; außerdem für Spülungen und Waschungen.

Anstelle der Rosenblätter können Sie zum Aromatisieren des Tees natürlich auch das Hydrolat verwenden.

Rosenblütenbad und Potpourri

Frische Rosenblüten in der Badewanne machen aus dem Bad ein sinnlich angenehmes Erlebnis und verblühte, getrocknete Blüten kann man z. B. auch zum Beduften von Kästen verwenden.

Anstelle der Rosenblüten in der Badewanne und zur Beduftung der Räume können Sie natürlich auch das Hydrolat verwenden.

Selleriecarpaccio mit Krencreme und Limettendressing

Portionen: 4 Personen, Zeitaufwand: ca. 30 Minuten

Für die Frischkäse-Krencreme

- 100 g Frischkäse
- 50 g Topfen/Quark
- 1 Knoblauchzehe
- Salz
- Kren/Meerrettich, frisch

Für das Limettendressing

- 4 Limetten
- 20 ml Rosen-Hydrolat
- 2 EL Apfelessig
- 1 TL Salz
- 1 TL Honig oder Dattelsirup
- 2 EL Rapsöl
- Chiliflocken
- Tomatenflocken

Für den Sellerie

- 800 g Sellerie
- 20 g Rucola
- 2 EL Erdnüsse, gehackt

Für das Limettendressing alle Zutaten vermischen und gut verrühren.

Den Sellerie schälen und in dünne Scheiben schneiden. Bei Bedarf die Blätter in etwas heißem Wasser blanchieren. Aus der Flüssigkeit nehmen und abkühlen lassen. Mit Limettendressing abmischen und auf ein Teller auflegen.

Den Topfen und den Frischkäse gut verrühren. Die Knoblauchzehe fein hacken und mit Salz und frischem gehobeltem Kren vermengen.

Den Rucola daraufsetzen, die Erdnüsse grob hacken und darüber verteilen.

Lamm-Kebab-Spieße

Portionen: 2 Personen, Zeitaufwand: ca. 40 Minuten

Zutaten

- 200 g Lammfaschiertes/ Lamm-Hackfleisch
- 100 g Rinderfaschiertes/ Rinder-Hackfleisch
- 1 Ei
- 1 Zwiebel, fein gehackt
- 1 Knoblauchzehe
- je ½ TL Zimt, Koriander
- 1 TL Kreuzkümmel
- 2 EL Brösel
- 1 Chili
- Prise Cayennepfeffer
- etwas Honig
- Salz, Pfeffer
- 50 ml Rosen-Hydrolat

Das Faschierte mit Ei, fein gehackter Zwiebel, gepresstem Knoblauch und den Bröseln gut durchmengen. Die Gewürze hinzufügen und nach Geschmack mit Chili, Cayennepfeffer, Honig, Salz und Pfeffer würzen.

Die Masse vierteln und jeweils zu einer Rolle kneten. Jede Rolle auf einen Schaschlik-Spieß geben und festdrücken.

Auf dem Grill oder im Backrohr bei 190 °C ca. 20 Minuten knusprig braten und vor dem Servieren mit dem Rosen-Hydrolat besprühen.

Marzipan

Portionen: 4 Personen, Zeitaufwand: ca.30 Minuten

Zutaten

- 250 g Mandeln, gemahlen
- 8 Tropfen Bittermandelöl
- 150 g Staubzucker
- 4 EL Rosen-Hydrolat
- 1 EL Amaretto

Alle Zutaten vermischen, ev. sieben, in einem Topf bei schwacher Hitze erwärmen, bis sich die Masse leicht vom Kochlöffel löst und nicht mehr kleben bleibt.

Abkühlen, auf der mit Staubzucker bestreuten Arbeitsfläche verkneten – ev. Formen gestalten.

Rote-Beete-Himbeersalat

Portionen: 4 Personen, Zeitaufwand: ca. 30 Minuten

Zutaten

- 800 g Rauner/Rote Beete, gekocht
- 5 EL Himbeeressig
- 5 EL Nussöl
- 1 EL Honig
- 20 ml Rosen-Hydrolat
- Salz, Pfeffer
- 200 g Ziegenkäse
- 4 EL Nüsse
- 120 g Vogerlsalat/Feldsalat

Die Rauner in dünne Streifen schneiden und mit Essig, Salz, Wasser, Honig, Rosen-Hydrolat, Nussöl und einem Drittel der Himbeeren marinieren. 20 Minuten ziehen lassen.

Rösten Sie dann die Walnüsse ohne Öl etwas knusprig. Die fertigen Rauner auf Vogerlsalat anrichten und mit den übrigen Himbeeren, Ziegenkäse und den gerösteten Nüssen garnieren.

Wassermelonen-Rosen-Limetten-Shot

Portionen: 4 Personen, Zeitaufwand: ca. 100 Minuten inkl. Kühlen

Zutaten

- 700 g Wassermelone, ohne Schale
- Saft von 2 Limetten
- 10 g Ingwer
- 1 EL Honig
- 100 ml Soda
- 30 ml Rosen-Hydrolat

Die Wassermelonen-Würfel in einen Gefrierbeutel geben und für 1 Stunde in das Gefrierfach stellen. Danach alle Zutaten in den Standmixer geben und gut mixen.

Schokolade mit Rosenblütenglasur

Portionen: 2 Personen, Zeitaufwand: ca. 180 Minuten inkl. Kühlen

Schokolade

- 125 g Kakaobutter
- 50 g Kakaopulver
- 2 EL Honig

Glasur

- 50 ml Rosen-Hydrolat
- etwas Zitronensaft
- etwas Zucker
- Rosenblüten, getrocknet

Kakaobutter im Wasserbad schmelzen, Kakaopulver und Honig zufügen, rühren, bis eine cremige Masse entsteht, in Förmchen füllen (Tafel), mindestens 2 Stunden abkühlen lassen.

Für die Glasur Rosen-Hydrolat mit einem Schuss Zitronensaft verfeinern, Zucker so lange einrühren, bis eine sämige Masse entsteht, Rosenglasur über Schokotafeln gießen und mit Rosenblüten dekorieren.

Schokoladenmousse mit Rosen-Hydrolat

Portionen: 4 Personen, Zeitaufwand: ca. 100 Minuten inkl. Kühlen

Zutaten

- 5 Dotter
- 60 g Staubzucker
- 100 g Schokolade
- 250 ml Schlagobers/Sahne
- 10-20 ml Rosen-Hydrolat

Dotter mit Zucker warm schaumig aufschlagen und kalt stellen. Kalt schaumig aufschlagen und Schokolade zart temperiert mit Dottermasse glatt verrühren. Geschlagenes Schlagobers unterheben und einige Stunden gut durchkühlen lassen. Rosen-Hydrolat einrühren und nochmals 1 Stunde kalt stellen. Vor dem Servieren mit Rosenblüten garnieren.

Rezepte für die Aromaküche

Angelikasamen-Hydrolat

Pflanzenname deutsch/lateinisch	Angelika oder Engelwurz *Angelica archangelica*
Pflanzenfamilie	Doldenblütler / *Apiaceae*
Typische Herkunft	Deutschland, Mittel-, Nordeuropa
Pflanzenmaterial	Samen
Ausbeute an ätherischem Öl	aus 125 kg Samen wird 1 Liter ätherisches Öl gewonnen
Geruchsqualität	frisch, pfeffrig
Geschmacksrichtung	erdig bis fruchtig frisch, mild krautig, leicht malzig
Mögliche Allergene**	Limonen
Passt für	Fisch und Wild, v. a. Grillgerichte, Curry, Kichererbsen

** lt. Senseolo.eu

» Wissenswertes zu Angelikasamen

In der Pflanzenheilkunde wird in erster Linie die Wurzel verwendet (siehe Angelikawurzel-Hydrolat).

Angelikasamen werden gerne in der Likörproduktion eingesetzt, die volksmedizinischen Anwendungen der Samen z. B. bei Erkrankungen der Niere und den ableitenden Harnwegen, des Darm- und Galletrakts, sowie bei rheumatischen Beschwerden und als Salbe gegen Kleiderläuse wurden wissenschaftlich bisher nicht belegt.

Veganes Biercurry

Portionen: 4 Personen, Zeitaufwand: ca. 120 Minuten

Für das Curry

- 100 g Brokkoli
- 100 g Paprika rot
- 100 g Zwiebel
- 200 g Linsen rot
- 1 TL Öl
- 1 TL Kurkuma
- Salz
- 600 ml Gemüsefond
- Wasser

Für die Currypaste

- 1 Frühlingszwiebel
- 1 kleine Chili
- 1 Knoblauchzehe
- 10 g Ingwer, geschält
- 150 g Tomaten, gehackt
- ¼ Bund Koriander, frisch
- 2 EL Rapsöl
- 1 TL Kreuzkümmelsamen
- 1 TL Koriander, gemahlen
- 1 TL Masala
- ½ TL Rohrohrzucker
- 80 ml Märzenbier
- 20 ml Angelikasamen-Hydrolat

Zubereitung Curry

Die Linsen gut waschen. Das Gemüse in kleine Würfel schneiden. Die Zwiebelwürfel in einem Topf mit etwas heißem Öl goldbraun anschwitzen. Die roten Linsen dazugeben und mit 600 ml Gemüsefond aufgießen. Bei mittlerer Hitze 15 Minuten kochen und dann Paprika und Brokkoli dazugeben. Weitere 5 Minuten bei mittlerer Hitze köcheln lassen. Ab und zu umrühren und gegebenenfalls etwas Wasser beifügen.

Zubereitung Currypaste

Frühlingszwiebel, Ingwer und Chili fein hacken. Koriander grob hacken. Öl in eine heiße Pfanne geben und Kreuzkümmelsamen kürz rösten. Die Frühlingszwiebel, Chili und Ingwer hinzugeben. Goldbraun schmoren lassen. Tomaten, Rohrohrzucker, Masala und Korianderpulver hinzufügen und weitere 5 Minuten bei niedriger Hitze braten. Dann den frischen Koriander dazugeben und mit Märzenbier ablöschen. Die Paste kann nach Belieben püriert werden. Danach in das Curry einrühren und kurz aufkochen lassen. Das Hydrolat in das fertige Curry einrühren.

Das Curry mit Reis und Naan (Rezept zu Naan siehe Rezepte Douglasien-Hydrolat) servieren.

Gebackene Kartoffelknödel mit Lachsforelle

Portionen: 4–6 Personen, Zeitaufwand: ca. 120 Minuten

Für den Kartoffelteig

- 500 g Kartoffel, mehlig
- 120 g Mehl
- 30 g Butter
- 1 Ei Größe M
- Prise Salz

Für die Fülle

- 200 g Lachsforellenfilet
- 1 Knoblauchzehe, gepresst
- 100 g Blattspinat
- Salz, Dill
- 1 EL Angelikasamen-Hydrolat
- 250 ml Sonnenblumenöl zum Frittieren

TIPP

Auf einem Blattsalat mit Limetten-Joghurt-Dressing anrichten.

Für den Kartoffelteig

Kartoffeln in der Schale weich kochen. Schälen und 10 Minuten ausdampfen lassen. Kartoffeln mit der Kartoffelpresse pressen und etwas abkühlen lassen. Mit den restlichen Zutaten vermengen und zu einem glatten Teig verkneten. Diese Masse eignet sich für süße und pikante Knödel sowie zum Kochen und Backen in Fett. Wenn die Masse zu klebrig ist, etwas mehr Mehl oder 1 EL Grieß dazugeben.

Für die Fülle

Lachsforelle von Haut und Gräten befreien. Die Lachsforellenfilets waschen und in kleine Würfel schneiden. Den Blattspinat in feine Streifen schneiden und mit den restlichen Zutaten vermischen. Im Kühlschrank 10 Minuten rasten lassen. Den Kartoffelteig in Kugeln formen, mit dem Finger eine kleine Mulde machen und diese mit der Lachsforellenmasse füllen. Danach gut verschließen und in schöne Kugeln formen. In heißem Sonnenblumenöl goldbraun backen.

Tomaten-Basilikum-Hummus

Vegan

Portionen: 2 Personen, Zeitaufwand: ca. 20 Minuten

Zutaten

- 1 kleine Zwiebel
- 2 Tomaten
- 6 kleine Kapern
- 100 g Kichererbsen, gekocht
- 2 Oliven
- 1 EL Honig
- 1 EL Sonnenblumenöl
- 1 Knoblauchzehe, gepresst
- Salz, Pfeffer, Basilikumblätter
- 10 ml Angelikasamen-Hydrolat

Alle Zutaten klein schneiden. In einer Pfanne das Öl erhitzen und die Zwiebel goldbraun anrösten.

Wenn die Zwiebel goldbraun ist, die restlichen Zutaten dazugeben und etwa 20 Minuten einkochen lassen.

Mit Gewürzen und frischen Kräutern abschmecken und nach Belieben pürieren.

Topfen-Kokos-Bananen

Portionen: 4 Personen, Zeitaufwand: ca. 40 Minuten

Zutaten

- 1 EL Butter
- 1 Zitrone oder Limette
- 1 Stück frischer Ingwer (etwa 2 cm)
- 4 reife Bananen
- 50 g Kokosmilch
- 2 EL Honig
- 250 g Topfen/Quark
- 20 ml Angelikasamen-Hydrolat

Eine flache, ofenfeste Form buttern. Ingwer schälen und sehr fein hacken, eine halbe Zitrone auspressen, Bananen schälen und in knapp 1 cm dicke Scheiben schneiden. Mit Ingwer, Zitronenschale und -saft mischen, in die Form schichten. Kokosmilch mit Honig vermischen und darübergießen.

Die Bananen im Backrohr bei 200 °C ca. 10–15 Minuten backen, bis sie schön gebräunt sind. Etwas auskühlen lassen und mit Topfen und Angelikasamen-Hydrolat abmischen.

Exotisch-herber Eistee

Portionen: 4 Personen, Zeitaufwand: ca. 30 Minuten (mit Kühlen)

Der Grüntee kann 1 Woche vorab mit 3 Tropfen ätherischem Grapefruitöl verfeinert werden.

Zutaten

- 2 Teebeutel Grüntee oder ausreichend getrockneter Grüntee, lose für 1 l
- 750 ml Wasser
- 4 Pfirsiche
- 2–4 TL Honig
- 2 TL Angelikasamen-Hydrolat
- Saft einer Limette
- Eiswürfel

Tee mit siedendem Wasser übergießen, zudecken (sonst sind die ätherischen Öle weg), ca. 3 Minuten ziehen lassen, Tee entfernen und zugedeckt abkühlen lassen.

Pfirsiche mit etwas kochendem Wasser übergießen, schälen und halbieren, Steine entfernen, in grobe Stücke schneiden, mit Honig und Limettensaft fein pürieren, Hydrolat einrühren.

Hohe Gläser mit Eiswürfeln füllen, Eistee darübergießen, Pfirsichpüree einrühren.

Angelikawurzel-Hydrolat

Pflanzenname deutsch/lateinisch	Angelika oder Engelwurz *Angelica archangelica*
Pflanzenfamilie	Doldenblütler / *Apiaceae*
Typische Herkunft	Polen, Mittel-, Nordeuropa
Pflanzenmaterial	Wurzel
Ausbeute an ätherischem Öl	aus 300 kg Wurzel wird 1 Liter ätherisches Öl gewonnen
Geruchsqualität	würzig, krautig-rauchig, leicht scharf bis hin zu exotisch-herb
Geschmacksrichtung	erdig, grün, rauchig, fallweise fruchtig, meist scharf
Passt für	Fisch und Fleisch, v. a. Grillgerichte, Liköre, Drinks, Marmelade, Sirup, Obstsalat

» Wissenswertes zur Angelikawurzel

In der Pflanzenheilkunde wird die Wurzel bei Appetitlosigkeit und Verdauungsbeschwerden eingesetzt, wobei immer darauf aufmerksam gemacht wird, dass die in der Pflanze enthaltenen Furocumarine die Haut lichtempfindlicher machen können und man daher während der Dauer der Anwendung auf längere Sonnenbäder und eine intensive UV-Bestrahlung sicherheitshalber verzichten sollte.

Das ätherische Öl der Angelikawurzel wird nicht nur wegen seiner Wirkungen im Verdauungstrakt eingesetzt, sondern auch gerne wegen seiner entzündungshemmenden und beruhigenden Eigenschaften. Eine Steigerung der Immunabwehr wird ebenfalls beschrieben.

Für das Angelikawurzel-Hydrolat wird der Einsatz zur Beruhigung bei Stress und in Erkältungszeiten empfohlen.

Pastinakencremesuppe

Portionen: 4 Personen, Zeitaufwand: ca. 30 Minuten

Zutaten

- 250 g Pastinaken
- 1 EL Rapsöl
- 80 g Haferflocken
- 1 l Gemüsefond
- 60 g Zwiebel
- 100 g Karotten
- 80 g Sellerie
- 20 g Sauerrahm
- 20 g Schlagobers/Sahne
- 20 ml Angelikawurzel-Hydrolat
- Zitronensaft, Salz, Pfeffer, Muskat

Pastinaken, geschälte Zwiebel und Gemüse kleinwürfelig schneiden.

Zwiebel in etwas Öl anschwitzen, Gemüse und Haferflocken zugeben und mit Gemüsefond aufgießen.

Weich dünsten, mit dem Stabmixer pürieren und mit wenig verquirltem Sauerrahm, Schlagobers, den Gewürzen und dem Angelikawurzel-Hydrolat abschmecken.

Tomaten-Fladenbrot mit Topfen

Portionen: 2 Personen, Zeitaufwand: ca. 60 Minuten

Zutaten Fladenbrot

- 250 g Mehl
- ½ TL Salz
- 1 Packung Backpulver
- 250 g Topfen/Quark
- 4 getrocknete Tomaten, klein geschnitten
- 1 Ei
- 1 TL Brotgewürz
- etwas Sonnenblumenkerne, Sesam, Mohn oder Kürbiskerne

Oben drauf verteilen

- 8 Speckstreifen
- 20 g Topfen/Quark
- 20 ml Angelikawurzel-Hydrolat
- frische Kräuter

Alle Zutaten gut vermischen und durchkneten, bis die Masse geschmeidig ist. Den Teig aufteilen und in die gewünschte Form bringen. Mit verquirltem Ei bestreichen und mit Körnern bestreuen.

Das Fladenbrot auf 180 °C am Griller ca. 20 Minuten backen.

Auf dem Fladenbrot verteilen wir gegrillten Speck, etwas Topfen, das Angelikawurzel-Hydrolat und frische Kräuter und backen es 5 weitere Minuten.

Hasenpfeffer

Portionen: 4 Personen, Zeitaufwand: ca. 180 Minuten, Vorbereitungszeit 12 Stunden

Zutaten

- 4 Hasenkeulen
- 4 Hasenschultern
- 100 g Karotten
- 100 g Wurzelpetersilie
- 200 g Zwiebel
- 2 Zehen Knoblauch
- 30 g Speck
- 10 Stk. Pfefferkörner für die Marinade
- Salz, Pfeffer, Wacholderbeeren, Lorbeer
- 750 ml Rotwein
- 3 El Essig
- 200 ml Fond
- 1 EL Maizena
- 50 ml Angelikawurzel-Hydrolat

Das Hasenfleisch in grobe Stücke schneiden. Für die Marinade das Gemüse schälen und in 2 cm große Würfel schneiden. Das Fleisch in eine tiefe Schüssel geben und mit Gemüse, Gewürzen und Kräutern bestreuen. Mit Rotwein und Essig übergießen, mit Frischhaltefolie abdecken und 12 Stunden im Kühlschrank marinieren. Das Fleisch aus der Marinade nehmen und trocken tupfen. Den Sud in ein Sieb gießen, dabei die Flüssigkeit auffangen. Das Backrohr auf 160 °C Umluft vorheizen.

Die Fleischstücke kräftig salzen und pfeffern, in Mehl wälzen und in Öl rundherum kräftig anbraten. Das Fleisch aus dem Topf nehmen.

Das aufgefangene Gemüse mit den Gewürzen, den Kräutern und dem Speck im Topf scharf anrösten und mit der Flüssigkeit der Marinade ablöschen. Sobald die Sauce kocht, das Fleisch zugeben, leicht salzen und pfeffern und den Deckel aufsetzen. Für 2 Stunden in den Ofen stellen.

Das fertig geschmorte Fleisch aus dem Topf nehmen und die Sauce durch ein feines Sieb passieren.

Zum Binden Maizena mit Wasser glatt rühren und in die kochende Hasensauce träufeln. Mit Gewürzen und dem Angelikawurzel-Hydrolat abschmecken und mit Knödeln, Brot oder Nudeln servieren.

Maroni-Semmelknödel

Portionen: 4 Personen, Zeitaufwand: ca. 60 Minuten

Zutaten

- 250 g Knödelbrot
- 100 g Maroni
- 50 g Butter
- 1 Zwiebel
- 3 Eier
- 250 ml Milch
- 3 EL Mehl
- 20 ml Angelikawurzel-Hydrolat

Zwiebel in kleine Würfel schneiden und goldbraun rösten. Mit Milch ablöschen und auf das Knödelbrot gießen. Etwas abkühlen lassen.

Die Maroni klein hacken, die Eier, das Angelikawurzel-Hydrolat dazugeben, würzen und gut durchmischen.

Knödel drehen und in kochendem Wasser 20 Minuten kochen.

Eierlikör

Portionen: 4 Personen, Zeitaufwand: ca. 12 Stunden

Zutaten

- 6 Eigelb
- 6 EL Zucker
- 2 TL Vanillezucker
- 250 ml Rum (54 %)
- 250 ml Schlagobers/Sahne
- ca. 2 EL Angelikawurzel-Hydrolat

Dotter, Zucker, Vanille schaumig/cremig schlagen, Rum dazu und weiter schlagen.

Schlagobers schlagen, mit Angelikawurzel-Hydrolat verfeinern und unterheben, in eine Flasche füllen und einen Tag kühl (nicht kalt!) stellen.

Bergamotteminzen-Hydrolat

Pflanzenname deutsch/lateinisch	Bergamotteminze *Mentha piperita var. citrata*
Pflanzenfamilie	Lippenblütler / *Lamiaceae*
Typische Herkunft	Österreich, Frankreich, Italien, USA, Indien
Pflanzenmaterial	Kraut
Ausbeute an ätherischem Öl	aus 50 kg Pflanzenmaterial wird 1 Liter ätherisches Öl gewonnen
Geruchsqualität	erfrischend, zitronig, süß
Geschmacksrichtung	süßlich-fruchtig bis grünlich-minzig
Mögliche Allergene**	Linalool, Geraniol
Passt für	Süßspeisen, Getränke, Ofengemüse, Geflügel, Schmorgerichte, Fisch & Meeresfrüchte

** lt. Senseolo.eu

» Wissenswertes zur Bergamotteminze

Die echte Bergamotteminze (*Mentha citrata*) ist bei uns wenig bekannt und eher selten in Kräutergärtnereien zu finden. Sie wird vor allem in Italien und in den USA für die Kosmetikindustrie angebaut und z. B. zur Parfümierung von Seifen verwendet. In Arzneipflanzenbüchern sind nur spärliche Informationen über das Kraut zu finden, obwohl sich die Inhaltsstoffe dieser Minze deutlich von anderen Arten unterscheiden. Diese Minze enthält z. B. kein Menthol, weswegen sie gerne als *Kinderminze* bezeichnet wird. Das ätherische Öl weist laut bisherigen Analysen einen hohen Anteil an beruhigend wirkendem Linalylacetat auf und ähnelt daher von seiner Anwendung her mehr dem Lavendel als den Minzen.

Der Bergamotteminze wird volksmedizinisch eine beruhigende, ausgleichende und stressreduzierende Wirkung und beim Auftragen auf irritierte, gerötete Hautareale eine juckreizlindernde Eigenschaft zugeschrieben – die Minze wird daher z. B. auch bei juckender Kopfhaut und Milchschorf eingesetzt.

Das Hydrolat der Bergamotteminze enthält laut der bisherigen Analysen relativ viel Linalool. Linalool zählt chemisch zu den Monoterpenolen, wichtige natürliche Inhaltsstoffe ätherischer Öle, die antiseptische und desodorierende Eigenschaften aufweisen, als äußerst hautfreundlich gelten und auf Körper und Seele eine energetisierende und stimmungsaufhellende Wirkung haben können.

Geschmorter Kürbis mit veganer Mayonnaise

Portionen: 4 Personen, Zeitaufwand: ca. 30 Minuten

Für die vegane Mayonnaise

- x 100 ml Sojasahne
- x 2 TL Essig
- x 200 ml Pflanzenöl
- x ½ TL Salz oder Kala Namak
- x 1 TL Bergamotteminzen-Hydrolat
- x 1 TL Senf
- x 1 Knoblauchzehe

Für den Kürbis

- x 1 kg Kürbis
- x Salz, Pfeffer
- x 1 EL Pflanzenöl
- x 400 g veganer Feta
- x 2 EL Erdnüsse

Für die vegane Mayonnaise

Die Sojasahne in ein schmales Gefäß geben. Den Essig, Senf, geschälten Knoblauch, das Bergamotteminzen-Hydrolat und das Salz dazugeben. Einen Stabmixer auf den Boden des Gefäßes stellen und mixen, dann das Öl daraufgießen. Den Stabmixer beim Mixen auf und ab bewegen. So lange mixen, bis die Mayonnaise angedickt ist.

Für den Kürbis

Den Kürbis in dünne Spalten schneiden. Auf ein Blech auflegen, mit Öl beträufeln, salzen und pfeffern. Im Rohr bei 180 °C 10 Minuten schmoren. Die Erdnüsse grob hacken und in einer heißen Pfanne rösten, salzen und abkühlen lassen. Den Feta über den fertigen Kürbis bröseln, die Erdnüsse und die Mayonnaise darüber verteilen und genießen.

Geschmortes Rind

Portionen: 4 Personen, Zeitaufwand: ca. 120 Minuten

Zutaten

- 200 g Rindfleisch zum Schmoren pro Person
- 400 ml Rotwein
- 1 l Fond oder Suppe
- 300 g Zwiebel
- 2 Karotten
- 100 g Sellerie
- 1 Stück Petersilienwurzel
- 40 g Tomatenmark
- bei Bedarf Zucker
- 10 g dunkle Schokolade
- Öl, Salz, Pfeffer
- Gewürze wie Wacholder, Lorbeer, Pfeffer
- 20 ml Bergamotteminzen-Hydrolat

Das Fleisch in einer Pfanne mit heißem Öl scharf anbraten. Danach in einen Topf geben.

In derselben Pfanne das grob geschnittene Gemüse scharf anrösten, bis es dunkel ist. Tomatenmark dazugeben, kurz mitrösten (nicht zu lange, da es bitter wird). Mit dem Rotwein ablöschen und in den Topf mit dem Rindfleisch geben. Etwas einreduzieren lassen und mit Flüssigkeit, Fond/Rindssuppe/Wasser, aufgießen. Danach mit Salz, Pfeffer, Lorbeer, Wacholder würzen und das Fleisch weich dünsten. Wenn das Fleisch weich ist, aus der Flüssigkeit nehmen.

Die Sauce entweder durchsieben oder das Gemüse fein mixen. Je nach Wunsch von Konsistenz und Farbe bei Bedarf mit Mehl stauben und die Schokolade hinzufügen. Das Bergamotteminzen-Hydrolat in das geschmorte Rind rühren und genießen.

Tomaten-Cashewnuss-Aufstrich

Portionen: 2 Personen, Zeitaufwand: ca. 20 Minuten

Zutaten

- 200 g Tomatenwürfel
- 10 g Tomatenmark
- 1 Knoblauchzehe
- 80 g Zwiebel, fein gehackt
- 1 Chili
- ev. Rotwein
- 1 EL Kapern, fein gehackt
- Salz, Pfeffer, Majoran, Oregano, Basilikum
- 60 g Cashewnüsse
- 20 ml Bergamotteminzen-Hydrolat
- 50 g Parmesan, fein gerieben
- 2 EL Olivenöl

Zwiebel in wenig Olivenöl (1 EL) anrösten. Knoblauchzehe und Tomatenmark beigeben, kurz mitrösten, mit etwas Rotwein ablöschen und Tomatenwürfel sowie Gewürze beimengen. Aufkochen und etwas einreduzieren lassen. Kalt stellen und dann Kapern und Parmesan beifügen.

Cashewnüsse in restlichem Olivenöl anrösten und danach im Mixer fein pürieren. Mit der Tomatenmasse und dem Bergamotteminzen-Hydrolate vermengen.

Bergamotteminzen-Parfait

Portionen: 3 Personen, Zeitaufwand: ca. 5 Stunden inkl. Kühlen

Zutaten

- 150 ml Schlagobers/Sahne
- 2 Eier
- 40 g Staubzucker
- 30 ml Amaretto
- 40 g Mandeln, gerieben
- 10–20 ml Bergamotteminzen-Hydrolat

Eiweiß steif schlagen, Schlagobers schlagen und etwas Hydrolat zufügen und kalt stellen. Eigelb und Zucker cremig schlagen. Amaretto und Nüsse zufügen. Schlagobers und Schnee unterheben. Mit restlichem Bergamotteminzen-Hydrolat abschmecken. Die Creme in Kastenform oder Förmchen füllen. 4 Stunden tiefkühlen.

Zitrus-Minze-Drink

Portionen: 2 Personen, Zeitaufwand: ca. 10 Minuten

Zutaten

- 500 ml Blutorangensaft
- 200 ml Apfelsaft
- 3 TL Honig
- 20–50 ml Bergamotte-minzen-Hydrolat
- Saft einer ½ Zitrone

Alle Zutaten in einem Wasserkrug verrühren und kühl servieren.

Glasrand zuvor in Zitronensaft tauchen und mit Zucker verzieren.

Douglasien-Hydrolat

Pflanzenname deutsch/lateinisch	Douglasie *Pseudotsuga menziesii*
Pflanzenfamilie	Kieferngewächse / *Pinaceae*
Typische Herkunft	Österreich, Europa, Nordamerika
Pflanzenmaterial	junge Zweige und Nadeln
Ausbeute an ätherischem Öl	aus 300 kg Pflanzenmaterial wird 1 Liter ätherisches Öl gewonnen
Geruchsqualität	aromatisch waldig-harzig, fruchtig, süßlich, frisch
Geschmacksrichtung	waldig bis minzig, süßlich, im Abgang leicht bitter (harzig)
Mögliche Allergene**	Limonen (im ätherischen Öl nachgewiesen, nicht jedoch im Hydrolat)
Passt für	Müsli, Porridge, Getreide, Brot, Ofengemüse

** lt. Senseolo.eu

» Wissenswertes zur Douglasie

Die Douglasie zählt zu den Kieferngewächsen. Die Zweigspitzen haben einen charakteristischen Geruch nach Zitrusfrüchten und liefern auch einen der edelsten Nadeldüfte für die Aromatherapie.

Das ätherische Öl wirkt antiseptisch und eignet sich zur Verbesserung der Raumluft, insbesondere bei erhöhter Infektionsgefahr. In der Aromatherapie wird es bei Infektionen im Respirationstrakt verwendet, sowie bei Angst und Stress. Das Hydrolat wird ebenfalls zur Raumbeduftung empfohlen, hier kann man zusätzlich 1–2 Tropfen eines ätherischen Öls (z. B. Grapefruit) in Duftlampe oder Diffuser geben. Auch als Körperspray, Haar- und Gurgelwasser kann man es verwenden. Für ein Vollbad können Nadeln und Zweigspitzen, ebenso wie das Hydrolat, direkt als Badezusatz verwendet werden.

Grundrezept Naan-Brot

Portionen: 2 Personen, Zeitaufwand: ca. 30 Minuten

Zutaten

- 250 g feines Weizenmehl
- 2 TL Zucker
- ½ TL Salz
- ½ Pkg. Backpulver
- 110–130 ml Milch
- 1 EL Sonnenblumenöl
- 2 EL Douglasien-Hydrolat zum Bestreichen

Mehl, Zucker, Salz und Backpulver in eine Schüssel geben. In einer anderen Schüssel Milch und Öl verrühren.

In der Mitte der Mehlmischung eine Vertiefung machen und die flüssige Mischung einfüllen.

Nun die Zutaten langsam zusammenmischen, indem man von der Mitte aus arbeitet, um einen glatten, weichen Teig zu erhalten. Für 8–10 Minuten gut durchkneten und etwas Mehl hinzufügen, wenn der Teig zu klebrig ist.

Den Teig in eine geölte Schüssel geben, mit einem feuchten Geschirrtuch abdecken und 10–15 Minuten an einem warmen Ort ruhen lassen. Anschließend den Teig zu fünf Kugeln formen und dünn ausrollen. Die Naans auf ein Backblech legen und im vorgeheizten Ofen bei 180 °C ca. 10 Minuten backen. Mit Douglasien-Hydrolat bestreichen und heiß servieren.

Indischer Dal

Portionen: 4 Personen, Zeitaufwand: ca. 60 Minuten

Für das Tadka

- 1 Gemüsezwiebel
- 1 kleine Chili
- 10 g Ingwer, geschält
- 150 g Tomaten, gehackt
- ¼ Bund Koriander
- 2 EL Rapsöl
- 1 TL Kreuzkümmelsamen
- ½ TL Rohrohrzucker
- 20 ml Douglasien-Hydrolat

Für das Dal

- 250 g Linsen, rote
- 1 TL Kurkuma
- Salz
- 600 ml Wasser/Gemüsefond

Für das Tadka

Zwiebel, Ingwer und Chili fein hacken. Koriander grob hacken. Öl in eine heiße Pfanne geben. Die Zwiebel, Chili und Ingwer hinzugeben. Goldbraun schmoren lassen. Tomaten, Rohrohrzucker, Koriander und Kreuzkümmel hinzufügen und weitere 1–2 Minuten bei niedriger Hitze braten.

Für das Dal

Die Linsen gut waschen und gemeinsam mit dem Kurkuma in das Tadka geben. Mit 600 ml Wasser/Gemüsefond aufgießen und bei mittlerer Hitze 15–20 Minuten köcheln lassen. Ab und zu umrühren und gegebenenfalls etwas Wasser beifügen.

Energiebällchen

Portionen: 2 Personen, Zeitaufwand: ca. 20 Minuten

Zutaten

- 100 g Mandeln
- 140 g weiche Datteln
- 30 g Kakaopulver
- ca. 10 ml Douglasien-Hydrolat
- Kokosflocken

Mandeln, entkernte Datteln und Kakao fein pürieren, mit Hydrolat verfeinern, bis sich eine klebrige Masse bildet, kleine Bällchen formen und in Kokosflocken wälzen.

Haferflockenbällchen

Portionen: 2 Personen, Zeitaufwand: ca. 30 Minuten

Zutaten

- 1 Tasse Haferflocken
- ½ Tasse Mandeln, gehackt
- ½ Tasse Kokosraspeln
- 1 EL Leinsamen
- ½ Tasse Erdnussbutter
- 3–4 EL Honig
- 1 EL Chiasamen
- ½ Tasse Rosinen, fein gehackt
- ca. 10 ml Douglasien-Hydrolat
- Kokosflocken, Stärke

Alle Zutaten gemeinsam pürieren bzw. in den Mixer geben, mit Hydrolat verfeinern, bis sich eine klebrige Masse bildet, kleine Bällchen formen und in Kokosflocken oder Stärke wälzen.

Nuss-Müsli

Portionen: 2 Personen, Zeitaufwand: ca. 40 Minuten

Zutaten

- 80 g Walnuss
- 80 g Haselnuss
- 50 g Sonnenblumen
- 50 g Mandeln
- 10 g Leinsamen
- 120 g Haferflocken
- 1 EL Honig
- 2 EL Kokosraspeln
- 2 EL Kokosöl
- 20 ml + 5 ml Douglasien-Hydrolat

Alle trockenen Zutaten grob hacken und mischen, 20 ml Douglasien-Hydrolat hinzufügen, in einem geschlossenen Gefäß alles 2 Stunden stehen und durchziehen lassen.

Auf Backpapier ausbreiten, bei 120 °C ca. 15–25 Minuten trocknen lassen, ev. zwischendurch wenden. Abkühlen lassen, durchrühren und abschließend nochmals mit einigen Sprühern Hydrolat verfeinern. In einem Glas verschlossen aufbewahren.

Bratapfel-Ingwer-Smoothie

Portionen: 4 Personen, Zeitaufwand: ca. 10 Minuten

Zutaten

- 4 Äpfel
- 2 EL Butter
- 2 TL brauner Zucker
- 4 EL Haferflocken
- 200 g Joghurt 1 %
- 10 g Ingwer
- Wasser, Zimt
- 20 ml Douglasien-Hydrolat

Die Äpfel schälen und das Gehäuse herausschneiden. Butter in einer Pfanne erhitzen und die Äpfel mit etwas Zimt und braunem Zucker anbraten, bis der Zucker zu karamellisieren beginnt. Bratäpfel mit Haferflocken, Douglasien-Hydrolat und Joghurt in den Mixer geben und auf höchster Stufe cremig mixen. Am Schluss mit einem Hauch Ingwer und gegebenenfalls etwas Zimt nachwürzen.

Wenn der Smoothie flüssiger sein soll, etwas Wasser, Milch oder Apfelsaft zugeben.

Fichten-Hydrolat

Pflanzenname deutsch/lateinisch	Fichte *Picea Abies*
Pflanzenfamilie	Kieferngewächse / *Pinaceae*
Typische Herkunft	Österreich, Italien, Frankreich, Russland
Pflanzenmaterial	Zweige und Nadeln
Ausbeute an ätherischem Öl	aus 400 kg Pflanzenmaterial wird 1 Liter ätherisches Öl gewonnen
Geruchsqualität	waldig, frisch, scharf
Geschmacksrichtung	herb, frisch, im Abgang leicht bitter
Passt für	Wild, Fisch, Süßspeisen, Schokolade

» Wissenswertes zur Fichte

Schon in alten Zeiten wurden die frischen Zweigenden in Alkohol eingelegt und dienten zum Einreiben z. B. bei Hexenschuss, Erkältungskrankheiten und Verletzungen.

Das ätherische Öl der Fichte wird in vielen Bereichen eingesetzt. In der Aromatherapie z. B. bei Erkältungen, Beschwerden der Atemwege, Muskel- und Rheumaschmerzen. Es wird aber auch sehr gerne für Raumsprays, Parfüms, Badezusätze und Saunaaufgüsse verwendet. Einen wunderschönen Waldduft erreicht man, wenn man dem Hydrolat zur Raumbeduftung ein paar Tropfen ätherisches Öl zusetzt.

Das Hydrolat eignet sich auch gut zur Herstellung von Badezusätzen und Duschgelen.

Personen, die an Asthma oder Keuchhusten leiden, wird von der innerlichen Anwendung von Zubereitungen aus Fichtenspitzen oder Fichtennadelöl abgeraten und Menschen, die an Bluthochdruck, Herzschwäche, fieberhaften Infektionskrankheiten und großflächigen Hautverletzungen leiden, sollten Fichtenspitzen oder Fichtennadelöl auch nicht als Badezusatz verwenden.

Lachsforelle mit Limettendressing und Blattsalat

Portionen: 4 Personen, Zeitaufwand: ca. 60 Minuten

Für die Lachsforelle

- 600 g Lachsforelle
- 100 g Löwenzahnhonig
- Salz, Pfeffer, Knoblauch
- Kräuter

Für das Limettendressing

- 4 Limetten
- 2 EL Zucker
- 1 EL Salz
- 2 EL Olivenöl
- 20 ml Fichten-Hydrolate
- 250 g gemischter Blattsalat

Für die Lachsforelle

Lachsforelle in etwa 50-g-Stücke schneiden. Löwenzahnhonig, gehackten Knoblauch, 2 EL Wasser, Salz und Pfeffer vermischen.

Die Lachsforelle in den Sud einlegen und 30 Minuten ziehen lassen. Die Forelle aus dem Sud nehmen und mit Kräutern in Backpapier wickeln. Etwa 8 Minuten auf dem Grill garen lassen.

Für das Limettendressing

Zutaten vermischen und gut verrühren. Den Blattsalat damit marinieren und auf einem Teller anrichten.

Dinkel-Bier-Brot

Portionen: 6 Personen, Zeitaufwand: ca. 180 Minuten

Zutaten

- x 1 kg Dinkelmehl, glatt
- x 2 Pkg. Trockenhefe
- x ½ EL Brotgewürz (Kümmel, Fenchelsamen, Koriander)
- x 2 TL Salz
- x 1 Prise Zucker
- x 370 ml Wasser
- x 330 ml Bier
- x 30 ml Fichten-Hydrolat

Alle Zutaten gut vermischen und stehen lassen, bis sich der Teig verdoppelt.

Das Brot gut kneten und in kleine Formen füllen, mit einer Gabel einige Male einstechen und nach Belieben mit Sonnenblumenkernen oder Gewürzen (Kümmel, Fenchelsamen, Koriander) bestreuen.

In das Rohr eine Tasse Wasser für 30 Minuten dazustellen. 40–50 Minuten bei 190 °C backen, bis es gut saftig und knusprig wird.

Schokolade

Portionen: 2 Personen, Zeitaufwand: ca. 120 Minuten

Zutaten

- x 100 g Kakaobutter-Chips
- x 2–3 EL Kakaopulver
- x 2–3 EL Kokosfett
- x 2–4 TL Fichten-Hydrolat
- x Fichtenspitzen zum Garnieren der Schokolade
- x Förmchen

Kakaobutter im Wasserbad erwärmen, Kokosfett hinzufügen, verrühren. Wenn alles flüssig ist, Kakaopulver unterrühren, abschmecken (je nach Lieferanten kann sich die Eigenschaft von Kakaobutter unterscheiden).

Aus dem Wasserbad nehmen, handwarm rühren, dann erst mit Hydrolat abschmecken.

Die flüssige Schokolade warm in Förmchen gießen, mit klein geschnittenen Fichtenspitzen garnieren, bei Raumtemperatur auskühlen lassen.

Tir-Apf-Isu

Portionen: 4 Personen, Zeitaufwand: ca. 180 Minuten inkl. Kühlen

Zutaten

- 500 g Schlagobers/Sahne oder je 250 g Joghurt und Sauerrahm
- 2 Pkg. Biskotten
- 500 ml Apfelmus
- 20 ml Fichten-Hydrolat
- etwas Apfelsaft
- ev. Rum

Schlagobers aufschlagen oder Joghurt und Sauerrahm miteinander vermengen, Biskotten in Apfelsaft-Rum tunken, eine Schicht in Form einlegen, Biskotten mit Schlagobers oder Joghurt-Sauerrahm bestreichen.

Apfelmus mit Hydrolat vermengen und in die Form streichen, danach wieder eine Schicht Biskotten ... dies wiederholen, bis die Form vollständig befüllt ist.

Masse kalt stellen für etwa 2 Stunden – mit Kakao bestreut servieren.

Schokobrownie

Portionen: 4 Personen, Zeitaufwand: ca. 60 Minuten

Zutaten

- 250 g Zartbitterschokolade
- 250 g Butter
- 6 Eier
- 150 g Zucker
- 1 Päckchen Bourbon-Vanillezucker
- 200 g Weizenmehl
- 1 Prise Salz
- 20 ml Fichten-Hydrolat
- außerdem: Butter für die Form

Den Backofen auf 180 °C Ober- und Unterhitze vorheizen. Die Form mit Butter einfetten.

Die Schokolade hacken und mit der Butter in einem Topf bei mittlerer Temperatur schmelzen, vom Herd nehmen und glatt rühren.

In einer Schüssel die Eier mit dem Zucker und Vanillezucker mithilfe eines Handrührgeräts mit Rührbesen schaumig schlagen. Die Schoko-Butter-Masse unterrühren. Anschließend Mehl und Salz zufügen und mit einem Schneebesen unterheben.

Den Teig gleichmäßig in der Form verteilen und im Backofen ca. 25–30 Minuten backen. Die Brownies müssen innen noch etwas feucht sein. Dann in der Form auskühlen lassen und erst nun in Stücke schneiden. Fichten-Hydrolat darauf versprühen. Fertig sind die leckeren Brownies!

Kiwi Caipirinha

Portionen: 4 Personen, Zeitaufwand: ca. 10 Minuten

Zutaten

- 5 Kiwis
- 4 TL Kristallzucker (weiß)
- Eiswürfel
- 16 cl Cachaça
- 30 ml Fichten-Hydrolat
- Sodawasser

Die Kiwis schälen und in kleine Stücke schneiden. Die Kiwistücke und den Kristallzucker in ein Glas geben. Mit einem Stößel gut zerdrücken. Das Glas mit den Eiswürfeln auffüllen, Cachaça dazugeben, mit Soda und Fichten-Hydrolat ergänzen.

Alles gut durchrühren. Bei Bedarf mit etwas Soda verdünnen.

Hanf-Hydrolat

Pflanzenname deutsch/lateinisch	Hanf *Cannabis sativa*
Pflanzenfamilie	Hanfgewächse / *Cannabaceae*
Typische Herkunft	Österreich, Europa und Asien.
Pflanzenmaterial	Kraut und Blüte
Ausbeute an ätherischem Öl	aus 1000 kg Pflanzenmaterial wird 1 Liter ätherisches Öl gewonnen
Geruchsqualität	krautig
Geschmacksrichtung	rauchig-herb
Passt für	(Schaf-)Käse, Gemüse, Hausmannskost (Gselchtes, Sauerkraut), Kraut

» Wissenswertes zu Hanf

Von Hanf kann man zwei Ölarten gewinnen. Aus den Hanfsamen wird ein sehr hochwertiges Speiseöl gepresst, das man in der Aromatherapie auch als *Trägeröl* für ätherische Öle und in Mischung mit einem weiteren fetten Öl dann auch für Massagen verwenden kann.

Aus Hanfblättern kann man durch Wasserdampfdestillation ätherisches Öl und Hydrolat gewinnen. Das ätherische Öl hat stark entzündungshemmende Eigenschaften und das Hydrolat wird zur Hautpflege v. a. bei fettiger Haut und Akne empfohlen; als Raumduft soll es Ruhe, Wohlbefinden und emotionale Ausgeglichenheit fördern und dadurch die Fähigkeit sich auf eine Aufgabe zu konzentrieren stärken.

Sowohl für die Erzeugung von Hanfsamenöl als auch für ätherische Öle durch Destillation dürfen nur spezielle Hanfsorten (Faserhanf) mit einem THC-Gehalt von unter 0,3 % angebaut werden.

Schafkäse mit Hanf-Hydrolat-Vinaigrette

Portionen: 2 Personen, Zeitaufwand: ca. 10 Minuten

Für die Vinaigrette

- 1 EL Apfelessig
- 3 EL Olivenöl
- 1 EL Zitronensaft
- 1 TL Honig
- etwas Salz und Pfeffer
- 10 ml Hanf-Hydrolat (gut passen würde auch Bergamotteminzen-Hydrolat)

Schafkäse garnieren nach persönlichen Vorlieben, gern auch mit Nüssen.

Kräuter-Hanf-Brötchen

Portionen: 4 Personen, Zeitaufwand: ca. 120 Minuten

Zutaten

- 500 g Mehl
- 1 Pkg. Backpulver
- ½ TL Salz
- 100 g Butter, weich
- 250 ml Buttermilch
- 2 Handvoll Vogelmiere/Giersch/Brennnessel/Beinwell/Bärenklau
- bis zu 5 EL Hanf-Hydrolat

Kräuter waschen, schneiden, mit Buttermilch und Hydrolat pürieren.

Mehl, Salz, Butter, Backpulver und Kräutermilch zu einem Teig verarbeiten, ca. 20 Brötchen formen, einschneiden, auf Backpapier legen. 20–25 Minuten backen bei 220 °C.

Nach dem Backen auskühlen lassen und schließlich mit einigen Sprühern Hanf-Hydrolat benetzen.

Schafkäsepralinen im Amaranth-Mantel

Portionen: 4 Personen, Zeitaufwand: ca. 60 Minuten

Zutaten

- 300 g Schaffrischkäse
- 1 EL Honig
- 1 Frühlingszwiebel
- 1 mittlere Karotte
- Salz, Pfeffer, Thymian, Petersilie
- 2 EL Weißwein
- 20 ml Hanf-Hydrolat
- 50 g Amaranth Popcorn

Die Karotte schälen und in kleine Würfel schneiden. Die Frühlingszwiebel ebenso in kleine Würfel schneiden. Karottenstücke in einer Pfanne leicht rösten. Die Zwiebel und den Honig dazugeben und mit 2 EL Weißwein ablöschen. Die Flüssigkeit verdampfen und die Masse auskühlen lassen. Danach mit dem Schaffrischkäse und mit 20 ml Hydrolat, Thymian, Petersilie, Salz und Pfeffer gut verrühren und kalt stellen, damit die Masse etwas fester wird und leichter zu verarbeiten ist.

Die Masse mit einem Teelöffel portionieren und kleine Kugeln formen.

Den Amaranth in eine Pfanne ohne Öl geben und bei mittlerer Hitze und ständigem Schwenken der Pfanne leicht anrösten. Vorsicht, brennt leicht an!

Die Pralinen im Amaranth wälzen und auf einem Salat anrichten.

Passt ideal zu frischem Feldsalat mit Himbeerdressing und Vollkornbrot.

Käsespätzle

Portionen: 4 Personen, Zeitaufwand: ca. 40 Minuten

Zutaten

- 500 g Mehl glatt Type 480
- 4 Eier
- ca. 200 ml Milch
- 30 g flüssige Butter
- Salz, Pfeffer, Muskatnuss
- 350 g Bergkäse
- 150 g Emmentaler
- 20 ml Hanf-Hydrolat
- 1 Zwiebel, in Ringe geschnitten
- 2 EL Mehl
- 100 ml Öl zum Frittieren

Mehl, Eier, Milch, flüssige Butter, Salz, Pfeffer, Muskatnuss mit dem Kochlöffel zu einem glatten Teig verrühren. Teig rasch verarbeiten. Salzwasser zum Kochen bringen. Mit einer Spätzlehobel ins kochende Wasser hobeln. Mit dem Kochlöffel unter ständigem Rühren aufkochen lassen, damit keine Klumpen entstehen.

Nach dem Aufkochen 3 Minuten köcheln lassen und dann abseihen.

Die Spätzle in eine heiße Pfanne geben, mit dem Käse bestreuen. Anrösten, bis der Käse geschmolzen ist, Hanf-Hydrolat darüber verteilen und mit Schnittlauch bestreuen.

Zwiebelringe in Mehl wälzen und frittieren und auf die Käsespätzle geben.

Vegane Buchteln

Portionen: 4 Personen, Zeitaufwand: ca. 120 Minuten

Zutaten

- x 250 ml Haferdrink oder ein anderer Milchersatz
- x 500 g Weizenmehl Type 480
- x 1 Päckchen Trockenhefe
- x 1 Prise Salz
- x 100 g vegane Butter
- x 10 g Vanillezucker
- x 40 g Zucker
- x 100 g Powidlmarmelade
- x 20 ml Hanf-Hydrolat
- x 20 g Staubzucker

Den Milchersatz erwärmen, bis er lauwarm ist. Die trockenen Zutaten und 50 g vegane Butter in eine große Schüssel geben, dann den Milchersatz hinzugeben. Alles kräftig durchkneten, bis ein glatter Teig entstanden ist, der nicht mehr klebt.

Den Teig abdecken und etwa 45 Minuten an einem warmen Ort gehen lassen.

Den Teig kurz mit der Hand durchkneten und in 12 etwa gleich große Stücke teilen. Eine große Auflaufform (ca. 20 x 30 cm) bereitstellen. Die restlichen 50 g vegane Butter im Topf zerlassen. Die Marmelade und das Hanf-Hydrolat gut vermischen.

Nun jedes Teigstück in der Hand ausrollen und mit etwas Marmelade füllen. Die Ränder zur Mitte falten und gut verschließen. Dann zu einer Kugel rollen. Die Kugeln in der zerlassenen Butter wenden und in die Auflaufform geben. Abdecken und noch einmal 20 Minuten gehen lassen. Den Backofen auf 180 °C Umluft vorheizen.

Die Buchteln jetzt für 20–25 Minuten backen. Nach dem Backen mit Staubzucker bestreuen.

Heublumen-Hydrolat

Pflanzenname deutsch/lateinisch	Heublumen *Flores graminis*
Pflanzenfamilie	–
Typische Herkunft	Österreich, Bulgarien
Pflanzenmaterial	Blüten, Samen, Blätter
Ausbeute an ätherischem Öl	kein ätherisches Öl
Geruchsqualität	blumig, fruchtig, frisch, krautig
Geschmacksrichtung	fruchtig, frisch
Mögliche Allergene**	Cumarine
Passt für	Fleisch, Grillmarinaden, Brot, Aufstriche

** lt. Senseolo.eu

» Wissenswertes zu Heublumen

Unter Heublumen versteht man ein Gemisch von getrockneten Blüten, Blütenstaub, Samen und kleinen Blattteilchen von den auf den Wiesen und Rainen vorkommenden Pflanzen, die vom Landwirt als Heu in Form von gepressten Ballen oder lose eingebracht werden – mit der Zeit rieseln die Pflanzenteilchen durch die gelagerten Heuvorräte und bilden eine oft einige Zentimeter dicke Schicht am Heuboden, die, um größere Pflanzenteile auszuscheiden, vor der Verwendung dann noch gesiebt wird.

Je höher der Anteil an Kräutern, wie Schafgarbe, Löwenzahn, Gänseblümchen, Wegerich, Gundelrebe, Klee und Wiesensalbei, umso wertvoller sind die gesammelten Heublumen.

Die Heublumen werden in Form von Wickeln, Umschlägen, Bädern oder Dampfbädern verwendet. Gibt man den Heublumen noch 1–2 Handvoll Kamillenblüten zu, kann man die wohltuende Wirkung des Wickels steigern.

Kräuterreiche Wiesen sind heute rar geworden. Landwirte, die solche Wiesen pflegen und erhalten, sollten wir z. B. durch den Kauf ihrer Produkte unterstützen, da derartige Wiesen einen wichtigen Beitrag für das Überleben der für uns so wichtigen Wildbienen und anderer Bestäuber-Insekten leisten. Gartenbesitzer, die einen Teil ihres Rasens in eine Kräuterwiese mit Gänseblümchen, Löwenzahn, Gundelrebe, Schafgarbe und anderen essbaren Wild- und Heilkräutern verwandeln, tun auch sich selbst etwas Gutes, da diese Kräuter, die viele wertvolle, funktionelle Pflanzenstoffe enthalten, gut in der Küche und für die Herstellung von Kräutertees verwendet werden können. Infos und Tipps für das Anlegen von Kräuterwiesen kann man sich bei Naturschutzvereinen holen – jeder Quadratmeter zählt! Und ganz wichtig: Gärtnern Sie ohne Gift! Verwenden Sie, wenn nötig, biologische Pflanzenschutzmittel.

Im Garten angesiedelte Kräuter und Heilpflanzen helfen nicht nur den Insekten!

Heublumenabsud

Etwa 1 kg Heublumen mit 3–5 Liter kaltem Wasser übergießen und ganz kurz aufkochen lassen, von der Herdplatte nehmen, zugedeckt 15 Minuten ziehen lassen und abseihen.

Fertig ist der Absud für Wickel und Umschläge.

Gefülltes Schweinskarree

Portionen: 4 Personen, Zeitaufwand: ca. 60 Minuten

Zutaten

- 600 g Schweinskarree
- 50 g getrocknete Tomaten
- 80 g Oliven
- 50 g Kapern
- 50 g Parmesan, gerieben
- 1 EL Brösel
- Knoblauch, Thymian, Salz, Pfeffer, Tomatenflocken
- 10 ml Heublumen-Hydrolat

Das Schweinskarree zum Füllen mit dem Messer einschneiden. Kapern, Oliven, getrocknete Tomaten, Knoblauch in kleine Würfel schneiden und mit den Bröseln, Salz, Pfeffer und dem Parmesan vermengen. Das Schweinskarree mit der Masse füllen. Das Karree gut würzen und auf dem Grill bei direkter Hitze von jeder Seite 2 Minuten grillen.

Danach in eine Grillschale mit Heu legen und auf die Seite der indirekten Hitze stellen. Bei 180 °C 12–16 Minuten garen. Das Hydrolat darüber verteilen.

Grillmarinade für Schweinskotelett

Portionen: 4 Personen, Zeitaufwand: ca. 60 Minuten

Zutaten

- 6–8 Koteletts
- 100 ml Märzenbier
- 1 kleine Zwiebel, geschält
- 1 kleine Chili
- 2 Knoblauchzehen, geschält
- 2 EL Rapsöl
- 1 TL Honig
- ½ TL Kreuzkümmel, gemahlen
- ½ TL Koriander, gemahlen
- 1 TL Salz
- 2 EL Heublumen-Hydrolat

Alle Zutaten gut mixen. Die Koteletts mit der Marinade einreiben und über Nacht ziehen lassen. Viel Spaß beim Grillen.

Cook-up-kitchen-Weckerl

Portionen: 12 Stück, Zeitaufwand: ca. 120 Minuten

Zutaten

- 1 kg Mehl, glatt
- 125 g weiche Butter
- 1 Germwürfel
- 1 Ei
- 1 EL Salz
- 1 TL Zucker
- 250 ml Wasser
- 250 ml Milch
- Kümmel, gemahlen
- 50 ml Heublumen-Hydrolat

Alle Zutaten vermischen und den Teig gut kneten. 20 Minuten rasten lassen. Danach in Stücke teilen und in die gewünschte Form bringen. Die Weckerl nochmals 20 Minuten rasten lassen.

Im vorgeheizten Ofen bei ca. 200 °C etwa 15–20 Minuten (je nach Größe) backen.

TIPP:
Topfen/Quark, Joghurt oder Frischkäsereste können sehr gut im Teig verarbeitet werden.

Kokos-Heublumen-Mousse

Portionen: 2 Personen, Zeitaufwand: ca. 120 Minuten

Zutaten

- 200 ml Kokosmilch
- 200 ml Schlagobers/Sahne
- 2 Eier
- 4 EL Zucker
- 1 Pkg. Vanillezucker
- 5 Blatt Gelatine
- 5 EL Kokosette
- 2–3 EL Heublumen-Hydrolat

Gelatine in kaltem Wasser einweichen, Kokosmilch erwärmen und Kokosette einrühren, Dotter mit Zucker und Vanille über Wasserdampf cremig aufschlagen, Kokosmilchmasse langsam dazugeben und unterrühren.

Schlagobers schlagen, Schnee schlagen, beide vorsichtig unter die Masse heben, zuletzt Heublumen-Hydrolat unterheben.

Einige Stunden kalt stellen, Nockerl oder Kugeln ausstechen und mit Beeren garniert servieren.

Veganes Schmalz

Portionen: 4 Personen, Zeitaufwand: ca. 60 Minuten

Zutaten

- 250 g neutrales Kokosfett
- 150 ml Rapsöl oder Sonnenblumenöl
- 3 mittelgroße Zwiebeln
- 1 kleiner säuerlicher Apfel, geschält und mittelfein gerieben
- 40 g Haferflocken
- 4 EL Tamari-Sojasauce
- 2 Knoblauchzehen
- 2 TL Majoran, getrocknet
- 2 TL Petersilie, getrocknet
- 2 TL Rauchsalz
- 1 TL Kümmel, ganz
- Pfeffer, gemahlen
- 20 ml Heublumen-Hydrolat

Zwiebeln fein schneiden und im Öl goldbraun anbraten, dann die Haferflocken, den geriebenen Apfel und den gepressten Knoblauch dazugeben, weiter etwas anbraten und mit der Sojasauce ablöschen, vom Herd nehmen.

Das zerkleinerte Kokosfett, sowie die restlichen Gewürze und das Heublumen-Hydrolat hinzufügen und schmelzen lassen.

In Gläser abfüllen und wenn es beginnt zu stocken, nochmals mit einem Löffel umrühren, damit sich die Stückchen nicht am Boden absetzen.

Die verschlossenen Gläser im Kühlschrank lagern.

Kamillen-Hydrolat

Pflanzenname deutsch/lateinisch	Echte Kamille oder Deutsche Kamille *Matricaria recutita* bzw. *M. chamomilla*
Pflanzenfamilie	Korbblütler / *Asteraceae*
Typische Herkunft	Serbien, Mitteleuropa, Ungarn, Bulgarien
Pflanzenmaterial	Blüten
Ausbeute an ätherischem Öl	aus 1000 kg Blüten wird 1 Liter ätherisches Öl gewonnen
Geruchsqualität	grünlich, heuartig, blumig
Geschmacksrichtung	ähnlich Grünem Tee/Apfel, herb, leicht bitter
Mögliche Allergene**	Bisabolol Oxide A
Passt für	Kartoffelgerichte, Suppen, Omlette/Palatschinken süß & pikant

** lt. Senseolo.eu

» Wissenswertes zur Kamille

Die Echte Kamille zählt sicher zu den bekanntesten Heilpflanzen und Kamillentee ist vermutlich eines der am häufigsten eingesetzten Hausmittel. Kamillenblüten wirken nachweislich entzündungshemmend und krampflösend und sind deshalb zur Wundheilung und zur Linderung von Magen-Darm-Beschwerden geeignet.

Die Kamillenblüten enthalten das wertvolle blaue Kamillenöl. Die Blaufärbung entsteht unter anderem durch das im Öl enthaltene Chamazulen, das in Verbindung mit dem zweiten wichtigen Inhaltsstoff der Kamille, dem Bisabolol, entzündungshemmende, wundheilende und beruhigende Eigenschaften aufweist. Das ätherische Öl der Kamille ist daher hilfreich bei körperlichen und seelischen Wunden. Die azurblaue Färbung entsteht nur beim Herstellungsprozess der Destillation im ätherischen Öl, das Hydrolat selbst bleibt klar.

Das Hydrolat der *blauen Kamille* wird zur Unterstützung bei Hautproblemen, wie z. B. Akne, aber auch für Sitzbäder bei Hämorrhoiden und Blasenentzündungen empfohlen; ebenso geeignet ist es, neben dem Rosen-Hydrolat, auch für die Pflege der empfindlichen Babyhaut.

Das zweite Kamillenöl, das in der Aromatherapie häufig verwendet wird, stammt von der Römischen Kamille (*Anthemis nobilis*). Die Römische Kamille hat eine große medizinische Tradition. Man kennt sie aus der Literatur seit etwa 2000 Jahren und sie zählt zu einer der neun heiligen Pflanzen der Sachsen. Das ätherische Öl enthält nur wenig Chamazulen, hat aber einen sehr hohen Gehalt an Estern, wodurch es zu einem typischen *Psycho-Öl* wird und z. B. in England zur Angstlösung vor chirurgischen Eingriffen genutzt wird. Bei Tieren konnte eine Unterdrückung aggressiven Verhaltens beobachtet werden, was einen Teil der volksmedizinischen und aromatherapeutischen Anwendungen stützen könnte.

Kamillentee

3 g (3 TL) Blüten mit 150 ml kochendem oder sehr heißem Wasser übergießen und zugedeckt 5–10 Minuten ziehen lassen, anschließend durch ein Teesieb abseihen.

3–4 Mal täglich 1 Tasse frisch zubereiteten Tee zwischen den Mahlzeiten trinken.

Suppenwürze

Portionen: 10 Personen, Zeitaufwand: ca. 20 Minuten

Zutaten

- 10 Karotten
- 6 Pastinaken
- 1 Sellerie
- 4 Stück Lauch
- Petersilie, Schnittlauch
- etwas Salz
- 50 ml Kamillen-Hydrolat

Alle Zutaten in den Mixer geben, fein pürieren und in kleine Schraubverschlussgläser portionieren, für längere Haltbarkeit oben mit einer feinen Schicht Olivenöl abdecken.

Im Kühlschrank bzw. kühl 1 Jahr haltbar, geöffnet ca. 1 Monat haltbar.

Süßkartoffelcremesuppe

Portionen: 4 Personen, Zeitaufwand: ca. 30 Minuten

Zutaten

- 2 große Süßkartoffel
- 1 Kartoffel
- 2 Zwiebeln
- 1 Knoblauchzehe
- 1 TL Thymian
- Salz, Pfeffer
- Kurkumapulver zum Würzen
- Schlagobers/Sahne zum Abschmecken
- etwas Butter
- 2–3 EL Kamillen-Hydrolat (auf ca. 500 bis 800 ml Suppe)

Zwiebel anschwitzen, Süßkartoffel und Kartoffel schälen, grob schneiden, hinzufügen, mit Wasser aufgießen, weich köcheln, Schlagobers hinzufügen, pürieren.

Mit Gewürzen abschmecken, kurz vor dem Servieren das Hydrolat einrühren und warm genießen.

Süßkartoffel-Apfel-Dip

Portionen: 3 Personen, Zeitaufwand: ca. 30 Minuten

Zutaten

- 350 g Süßkartoffel
- 2 Karotten
- 1 kleine Zwiebel
- 150 g Gemüsefond
- 80 g Äpfel
- 20 ml Kamillen-Hydrolat
- Ingwer, Knoblauch, Salz, Pfeffer, Apfelsaft

Süßkartoffel und Zwiebel in grobe Würfel schneiden, Karotten und Äpfel klein würfeln, Ingwer und Knoblauch zerkleinern.

Das Öl in einem großen Topf erhitzen und Zwiebel, Knoblauch, Ingwer darin glasig dünsten. Süßkartoffel und Karottenwürfel hinzufügen und kurz mitschmoren. Gemüsebrühe, Apfelsaft und Gewürze dazugeben und die Suppe bei mittlerer Hitze ca. 20 Minuten köcheln lassen. Gelegentlich umrühren. Kurz abkühlen lassen und mit dem Pürierstab cremig pürieren. Apfelstücke dazu geben und nach Belieben abschmecken.

Kartoffelgratin

Portionen: 4 Personen, Zeitaufwand: ca. 100 Minuten

Zutaten

- 500 g Kartoffeln, fest kochend, roh geschält
- je 125 ml Schlagobers/Sahne, Milch
- 2 Eier
- 1 EL Butter
- Salz, Pfeffer, Muskatnuss
- 80 g Bergkristallkäse, gerieben
- 20 ml Kamillen-Hydrolat

Backofenform mit Butter ausstreichen. Schlagobers, Milch, Kamillen-Hydrolat, Eier, Salz, Pfeffer und Muskatnuss mit dem Schneebesen vermischen. Die Kartoffeln dünn hobeln und in der Ofenform verteilen. Das Schlagobers-Milch-Gemisch darübergießen und mit dem geriebenen Käse bestreuen.

Bei 200 °C Ober/Unterhitze ca. 40 Minuten backen.

Apfel-Walnuss-Auflauf

Portionen: 4 Personen, Zeitaufwand: ca. 120 Minuten

Für den Nudelteig

- 400 g Mehl, Type 480
- 4 Eier
- Wasser nach Bedarf

Für den Auflauf

- 200 g Äpfel, geschnitten
- 50 g Walnüsse, gerieben
- 200 ml Schlagobers/Sahne
- 100 ml Apfelsaft
- 20 ml Kamillen-Hydrolat
- 2 Eier
- 2 EL Honig
- 2 EL Cottage Cheese
- Zimt, Vanille

Für den Nudelteig

Das Mehl auf die Arbeitsplatte geben, in der Mitte eine Mulde machen und das Ei hinein geben. Den Teig mit den Händen kneten. Ist der Teig zu hart und lässt sich nicht vernünftig kneten, muss tröpfchenweise Wasser dazugegeben werden.

Der Teig ist fertig, wenn er geschmeidig und elastisch, aber nicht klebrig ist. In eine Folie wickeln und im Kühlschrank 30 Minuten rasten lassen. Teig nun ausrollen (mit Nudelmaschine oder Nudelholz) und in die gewünschte Form schneiden. Nudelteig nie lange liegen lassen, sonst wird er brüchig!

Für den Auflauf

Apfel schälen und in Blätter schneiden. Honig, Apfelsaft, Schlagobers, Kamillen-Hydrolat, Ei und Cottage Cheese vermischen und mit Zimt und Vanille abschmecken. Den Nudelteig in Platten formen und wie eine Lasagne mit den Äpfeln und Walnüssen schichten.

Die Ei-Schlagobers-Masse darüber verteilen und im Rohr bei 180 °C 40–45 Minuten backen. Eventuell mit Staubzucker und Butterbröseln bestreuen und genießen.

Kiefern-Hydrolat

Pflanzenname deutsch/lateinisch	Waldkiefer *Pinus sylvestris*
Pflanzenfamilie	Kieferngewächs / *Pinaceae*
Typische Herkunft	Österreich, Alpenkamm, Karpaten
Pflanzenmaterial	Nadeln und Zweige
Ausbeute an ätherischem Öl	aus 250 kg Pflanzenmaterial wird 1 Liter ätherisches Öl gewonnen
Geruchsqualität	nadelig-harzig, süßlich
Geschmacksrichtung	nadelig-harzig, terpenartig, süßlich, rauchig-holzig
Passt für	Getränke, Süßspeisen (Kaiserschmarren, Grießflammerie), Reisgerichte

» Wissenswertes zur Kiefer

Waldföhren lieferten den Menschen viele Jahrhunderte lang die harzreichen, brennenden Kienspäne, die damals gleichzeitig oft auch die einzige Beleuchtungsmöglichkeit in den Unterkünften waren.

Der heutige Name Kiefer ist daher vermutlich auch durch das Zusammenziehen der alten Begriffe *Kien Forha* (*Kienföhre*) entstanden. Aus dem Harz der Bäume wird das bekannte Terpentinöl gewonnen. Das gereinigte ätherische Terpentinöl wurde früher volksmedizinisch bei chronischen Erkrankungen der Bronchien sowie bei rheumatischen und neuralgischen Beschwerden eingesetzt.

Die Kiefernsprossen werden in der Pflanzenheilkunde ebenfalls innerlich, z. B. als Tee bei Katarrhen der Atemwege, und äußerlich, z. B. als Badezusatz in Form eines alkoholischen Extrakts oder als Salbe bei leichten Muskel- und Nervenschmerzen, verwendet.

In der Aromatherapie wird meist das aus den frischen Nadeln und Zweigspitzen der Bäume gewonnene ätherische *Kiefernnadelöl* eingesetzt, z. B. bei Nebenhöhlenentzündungen, Kehlkopfentzündungen und Bronchitiden, bei Gelenksentzündungen und Gicht, bei Ekzemen und Furunkel und aufgrund seiner anregenden Wirkung auch in der Rekonvaleszenz und bei Müdigkeit.

Das Hydrolat aus den Kiefernnadeln wird für den Einsatz als Bad, als Fußbad bei Erkältung, aber auch als Rasierwasser empfohlen.

Kiefernsprossentee

1 Teelöffel frische oder getrocknete Kiefernsprossen zerkleinern, mit 150 ml kochendem Wasser übergießen und 5 Minuten ziehen lassen.

Den Kiefernsprossentee möglichst heiß 3 Mal täglich trinken.

Rollgerstenrisotto

Portionen: 4 Personen, Zeitaufwand: ca. 40 Minuten

Zutaten

- 250 g Rollgerste
- 60 g Zwiebel
- Weißwein zum Ablöschen
- 50 ml Schlagobers/Sahne
- 600 ml Gemüsefond
- 80 g Parmesan
- 2 EL Öl
- 30 ml Kiefern-Hydrolat
- Salz, Pfeffer

Zwiebel in feine Würfel schneiden und in einem Topf mit etwas Öl glasig anschwitzen. Rollgerste dazugeben, kurz mit anschwitzen, mit Weißwein ablöschen, Salz, Pfeffer beifügen und mit etwas warmem Gemüsefond immer wieder aufgießen und unter ständigem Rühren weich dünsten.

Nach Belieben kurz vor dem Anrichten Schlagobers, Parmesan und das Kiefer-Hydrolat unterrühren.

Dinkel-Buns

Portionen: 8–10 Buns, Zeitaufwand: ca. 140 Minuten

Zutaten

- 300 g Weizenmehl Type 480
- 200 g Dinkelmehl
- 120 ml Wasser
- 180 ml Milch
- 60 g Butter
- 20 g frische Germ
- je 10 g Zucker, Salz
- 20 ml Kiefern-Hydrolat
- zum Bestreichen etwas Milch
- zum Bestreuen Sesam

Milch, Wasser (ca. 35 °C), Salz und Germ miteinander verrühren. Alle Zutaten in der Küchenmaschine mit einem Knethaken miteinander vermengen und ca. 7 Minuten auf niedriger Stufe zu einem Teig formen. Den Teig in eine Schüssel geben und abgedeckt an einem warmen Ort ca. 1 Stunde gehen lassen, bis sich das Volumen verdoppelt hat.

Den Teig in gleich große Stücke formen und zu Kugeln schleifen. Auf ein Blech mit Backpapier legen und wieder ca. 30 Minuten gehen lassen, bis sich das Volumen verdoppelt hat.

Im vorgeheizten Ofen bei ca. 200 °C etwa 20–25 Minuten (je nach Größe) backen.

Veganes Reisfleisch

Portionen: 4 Personen, Zeitaufwand: ca. 50 Minuten

Zutaten

- 250 g Vollkornreis
- 500 ml Gemüsefond
- 1 EL Tomatenmark
- 1 EL scharfes Paprikapulver
- 2 EL edelsüßes Paprikapulver
- 2 Paprika, in Würfel geschnitten
- 2 große Zwiebel
- 30 ml Kiefern-Hydrolat
- 2 Knoblauchzehen
- 200 g Seitan
- 1 EL Öl
- Salz, Pfeffer
- Oregano, Majoran, Kümmel, Lorbeer

Vollkornreis mit Gemüsefond und Salz weich dünsten. Zwiebeln klein würfeln und mit dem Öl glasig dünsten, die Seitan würfeln, dazugeben und etwas anbraten. Tomatenmark und Paprikapulver dazugeben und etwas dünsten.

Reis und das Kiefern-Hydrolat hinzugeben und mit Paprika, Salz, Pfeffer, Kräutern und Gewürzen verfeinern.

Aufkochen und danach 5 Minuten ziehen lassen.

Feiner Mandelgrieß mit Zwetschkenkompott

Portionen: 2 Personen, Zeitaufwand: ca. 30 Minuten

Zutaten

- 350 ml Milch
- 150 g Mandeln, gemahlen
- 80 g Zucker
- 2 TL Vanillezucker
- etwas Salz
- 60 g Grieß
- 5–10 ml Kiefern-Hydrolat
- 100 ml Schlagobers/Sahne

Zwetschkenkompott

- 500 g Zwetschken
- 100 g Zucker
- 250 ml Wasser
- 1 EL Zimt
- 2 Gewürznelken

Milch aufkochen, Mandeln, Zucker, Vanille, Salz und Grieß nach und nach untermischen, nochmals aufkochen, weitere 5 Minuten unter Rühren und ohne Hitze quellen lassen, von der Platte nehmen, im Wasserbad abkühlen lassen (unter Rühren).

Schlagobers schlagen, Kiefern-Hydrolat beimengen, unter abgekühlten Mandelgrieß heben, bodenbedeckt in Gläser füllen und kalt stellen.

Zwetschkenkompott kochen, leicht abkühlen lassen und ev. mit Hydrolat (2 ml auf 1 Liter Kompott) oder ätherischen Ölen verfeinern (4 Tropfen auf 1 Liter Kompott – das ätherische Öl zuvor auf 1 TL Zucker träufeln bevor es dem Kompott zugefügt wird).

Auf abgekühlter Creme anrichten und servieren.

Fruchtig-herber Melonen-Eistee

Portionen: 4 Personen, Zeitaufwand: ca. 160 Minuten mit Kühlen

Zutaten

- 2 Teebeutel Schwarztee oder ausreichend Schwarztee, lose für 1 l
- 750 ml Wasser
- ½ Wassermelone, kernarm
- 2 TL Kiefern-Hydrolat
- 3 Zweige Minze
- 500 ml Mineralwasser, eisgekühlt
- Eiswürfel

Tee mit kochendem Wasser übergießen, zudecken (sonst sind die ätherischen Öle weg), ca. 5 Minuten ziehen lassen, Tee entfernen und zugedeckt abkühlen lassen.

Wassermelone schälen, in grobe Stücke schneiden und fein pürieren, gemeinsam mit dem Kiefern-Hydrolat in abgekühlten Tee rühren und ca. 2 Stunden kalt stellen (Kühlschrank).

Eistee zum Servieren mit Mineralwasser auffüllen und mit Minze garnieren, im Glas mit Eiswürfeln servieren.

Der Schwarztee kann 1 Woche vorab mit 3 Tropfen ätherischem Öl Bergamotte verfeinert werden.

Lärchen-Hydrolat

Pflanzenname deutsch/lateinisch	Lärche *Larix decidua*
Pflanzenfamilie	Kieferngewächse / *Pinaceae*
Typische Herkunft	Österreich, Europa, Asien
Pflanzenmaterial	junge Zweige und Nadeln
Ausbeute an ätherischem Öl	aus 250 kg Pflanzenmaterial wird 1 Liter ätherisches Öl gewonnen
Geruchsqualität	frisch, waldig, fruchtig
Geschmacksrichtung	frisch, harzig, im Abgang leicht bitter
Passt für	Aufstriche, Kartoffelgerichte, Cocktails, Glasuren und Fruchtspiegel

» Wissenswertes zur Lärche

Lärchen sind sommergrüne Nadelbäume, die zu den Kieferngewächsen gehören und wie bei den anderen Kiefern wird auch aus den Lärchen Terpentin für äußere Anwendungen gewonnen. Aus den Nadeln und jungen Zweigen der Lärchen wird ätherisches Öl destilliert und das zugehörige Hydrolat kann ähnlich wie die Hydrolate der anderen Kiefernarten verwendet werden.

Das Lärchen-Hydrolat kann ebenfalls in einer Duftlampe oder einem Diffuser zur Raumbeduftung verwendet werden, vor allem wenn man dem Hydrolat ein bis zwei Tropfen ätherisches Öl zusetzt.

Kartoffelgulasch

Portionen: 4 Personen, Zeitaufwand: ca. 50 Minuten

Zutaten

- 1 kg mehlige Kartoffeln
- 400 g mittelgroße, gelbe Zwiebeln
- 400 g Frankfurter
- 1 Knoblauchzehe
- 3 gehäufte EL edelsüßes Paprikapulver
- 1 EL Essig, beliebig
- 20 g Tomatenmark
- 1 TL Majoran, gerebelt
- 2 TL Kümmel
- 1 TL Zucker
- 1 TL Salz
- 2 Lorbeerblätter
- ½ TL schwarzer Pfeffer, frisch gemahlen
- 1,5–2 l heißes Wasser
- Butterschmalz oder Öl zum Braten
- 10 ml Lärchen-Hydrolat

Kartoffeln schälen, waschen und in Würfel schneiden. Zwiebeln schälen, würfelig schneiden und mit 2 EL Butterschmalz oder Öl in einem großen Topf unter ständigem Rühren 5 Minuten bei hoher Hitze anbraten. Anschließend rund 15 Minuten bei mittlerer Hitze und unter regelmäßigem Rühren goldbraun braten.

Knoblauch mit einer Presse oder Reibe direkt in den Topf pressen/reiben und in den letzten 2 Minuten mit den Zwiebeln mitrösten. Einen Topf mit 2 l heißem Wasser bereitstellen (von dem später heißes Wasser in den Gulaschtopf geschöpft wird). Paprika zugeben, kurz mitrösten und mit Essig ablöschen. Tomatenmark, Zucker, Salz, Pfeffer, Lorbeerblätter, Majoran, Kümmel und Kartoffel zugeben, kurz durchrühren und mit heißem Wasser aufgießen. Umrühren und einkochen lassen.

Das Gulasch unter gelegentlichem Rühren weitere 30 Minuten köcheln lassen, bis die Kartoffeln weichgekocht sind. Das Lärchen-Hydrolat unterrühren und falls nötig, das restliche Wasser zugeben.

Kartoffelgulasch

Erdäpfelkäs

Portionen: 2 Personen, Zeitaufwand: ca. 30 Minuten

Zutaten

- 6 große Kartoffeln
- 2 rote Zwiebeln
- 1 Becher Sauerrahm
- 10 ml Lärchen-Hydrolat
- Salz, Pfeffer
- Majoran, Muskatnuss

Kartoffeln kochen, anschließend schälen und noch warm durch ein Sieb pressen. Zwiebeln klein schneiden, mit Rahm und Lärchen-Hydrolat unter die Kartoffeln mischen. Abschmecken und kalt servieren.

Sauerteigbrot

Portionen: 2 Personen, Zeitaufwand: ca. 40 Minuten, Vorbereitungszeit: 5 Tage

Für den Sauerteig

- 200 g Roggenmehl Type 960
- 200 g Wasser

Für das Sauerteigbrot

- 550 g Roggenmehl Type 960
- 100 g Weizenbrotmehl Type 1600 (Alternativ Type 700 oder 480)
- 300 g Dinkelmehl
- 200 g Sauerteig
- 15 g Brotgewürz
- 20 g Salz
- 50 ml Lärchen-Hydrolat
- 600 g lauwarmes Wasser

Für den Sauerteig

5 Tage / 2 Zutaten. Am ersten Tag gibt man 50 g Roggenmehl und 50 g Wasser in eine Schüssel. Den Ansatz gut verrühren und mindestens 24 Stunden zugedeckt bei Zimmertemperatur stehen lassen.

Die nächsten 3 Tage wiederholen. Anschließend 24 Stunden zugedeckt rasten lassen.

Für das Sauerteigbrot

Lauwarmes Wasser in eine Schüssel geben das Roggenmehl, Dinkelmehl, Weizenbrotmehl, den Sauerteig, Salz, Lärchen-Hydrolat und Brotgewürz dazugeben. Zu einem Teig verkneten und 6 Stunden rasten lassen.

In zwei Laibe formen und in ein bemehltes Gärkörbchen legen. Teig ca. 1 Stunde rasten lassen. Den Backofen auf 250 °C (Heißluft) vorheizen. Die Brote in den vorgeheizten Backofen mit viel Dampf backen.

Nach 15 Minuten die Temperatur auf 220 °C reduzieren und die Brote ca. 35 Minuten fertigbacken.

Parmesankartoffeln

Portionen: 4 Personen, Zeitaufwand: ca. 60 Minuten

Zutaten

- 400 g Kartoffeln
- 100 g Zwiebeln
- 80 g Parmesan
- Öl
- 150 ml Fond
- 20 ml Lärchen-Hydrolat

Zwiebeln in Würfel schneiden und in einem Topf mit etwas Öl glasig anschwitzen.

Kartoffeln weich kochen, zu den Zwiebeln dazugeben und anschwitzen, mit etwas Fond aufgießen.

Nach Belieben kurz vor dem Anrichten etwas Parmesan und das Lärchen-Hydrolat unterrühren.

Kürbiskern-Topfen-Märzenbier-Aufstrich

Portionen: 2 Personen, Zeitaufwand: ca. 40 Minuten

Zutaten

- 250 g Topfen/Quark (mager)
- 1 EL Sauerrahm
- 3 EL Märzenbier
- 2–3 EL Steirisches Kürbiskernöl
- 1 Knoblauchzehe
- 20 ml Lärchen-Hydrolat
- Salz, Currypulver
- Kürbiskerne

Alle Zutaten vermischen und mit etwas Curry und Salz abschmecken. Die Kürbiskerne hacken und kurz anrösten. Die gehackten Kerne darüberstreuen.

Riesentannen-Hydrolat

Pflanzenname deutsch/lateinisch	Riesentanne *Abies grandis*
Pflanzenfamilie	Kieferngewächse / *Pinaceae*
Typische Herkunft	Österreich, Frankreich, Nordamerika
Pflanzenmaterial	Nadeln und Zweige
Ausbeute an ätherischem Öl	aus 120 kg Pflanzenmaterial wird 1 Liter ätherisches Öl gewonnen
Geruchsqualität	frisch, zitronig
Geschmacksrichtung	mild nadelig
Mögliche Allergene**	Limonen (im ätherischen Öl nachgewiesen, nicht jedoch im Hydrolat)
Passt für	Beeren und Nüsse, Salate, Kartoffelsuppe

** lt. Senseolo.eu

» Wissenswertes zur Riesentanne

Aus der Riesentanne lässt sich ein angenehm duftendes ätherisches Öl und Hydrolat gewinnen, das wie die ätherischen Öle und Hydrolate von Fichte und Weißtanne eingesetzt werden kann.

In der Wohnung oder in der Sauna erreicht man einen angenehmen Tannenduft, wenn man dem Hydrolat zur Raumbeduftung oder bei der Verwendung als Saunaaufguss ein bis zwei Tropfen ätherisches Riesentannen-Öl zusetzt.

Salzgemüse

Portionen: 4 Personen, Zeitaufwand: ca. 50 Minuten

Zutaten

- 8 Karotten
- 6 Petersilienwurzeln
- 1 Zwiebel
- 4 Pastinaken
- grobes Salz
- 30 ml Riesentannen-Hydrolat

Grobes Salz auf einem Blech verteilen und das Gemüse mit der Schale darauflegen. Bei 180 °C ca. 40 Minuten garen. Etwas abkühlen lassen, schälen, schneiden und mit dem Riesentannen-Hydrolat vermischen.

Kartoffelsuppe

Portionen: 4 Personen, Zeitaufwand: ca. 50 Minuten

Zutaten

- 4 große Kartoffeln
- je 1 Karotte, Pastinake, Zwiebel
- Salz, Pfeffer
- ev. Speckwürfel
- 1 TL Suppenwürze
- Wasser
- 10–20 ml Riesentannen-Hydrolat

Zwiebel (und Speckwürfel) anschwitzen, klein geschnittene Karotte und Pastinake dazu, mit Wasser aufgießen und würzen.

Alle Zutaten weich kochen, anschließend fein pürieren, abschmecken und vor dem Servieren mit dem Riesentannen-Hydrolat verfeinern.

Kartoffelbrot

Portionen: 4 Personen, Zeitaufwand: ca. 180 Minuten

Vorteig

- 50 g Weizenmehl, Type 480
- 1 Päckchen Trockenhefe
- 100 ml lauwarmes Wasser

Hauptteig

- 200 g Kartoffeln mehlig kochend
- 2 EL Salz
- 2 TL Zucker
- 300 ml Wasser
- 1 kg Mehl, Type 480
- 30 ml Riesentannen-Hydrolate

Für den Vorteig

Die Hefe in das lauwarme Wasser bröseln/streuen, mit dem Mehl verrühren und bei Zimmertemperatur gehen lassen, bis der Teig sein Volumen verdoppelt hat. Kann auch schon am Vortag gemacht werden.

Für den Hauptteig

Die Kartoffeln in der Schale und ohne Salz in Wasser kochen, abdampfen lassen, schälen und pürieren.

Salz und Zucker in den 300 ml Wasser und dem Riesentannen-Hydrolat auflösen.

Aus den Kartoffeln, dem Vorteig und allen übrigen Zutaten einen Brotteig kneten. Gegebenenfalls noch Wasser beifügen.

60 Minuten an einem warmen, vor Zugluft geschützten Platz gehen lassen. Einen runden Laib formen und im vorgeheizten Ofen bei 220 °C Heißluft ca. 60 Minuten backen – bis ein hineingestochenes Holzstäbchen sauber wieder herauskommt. Stellen Sie vorher eine Schale heißes Wasser in den Ofen.

Limetten-Joghurt-Dressing

Portionen: 3 Personen, Zeitaufwand: ca. 20 Minuten

Zutaten

- 150 ml Joghurt
- Saft einer Limette
- 1 EL grünes Pesto nach Saison (z. B. Bärlauch, Spinat, Basilikum ...
- 2 EL Apfel-Himbeer-Essig
- 2 EL Honig
- 1 TL Salz
- 1 Prise Pfeffer
- 20 ml Riesentannen-Hydrolate

Für das Dressing alle Zutaten mit einem Stabmixer gut vermischen.

Heidelbeer-Ingwer-Smoothie

Portionen: 4 Personen, Zeitaufwand: ca. 10 Minuten

Zutaten

- 500 g Heidelbeeren
- 150 g Äpfel, geschnitten
- 150 ml Orangensaft
- 10 g Ingwer
- 30 ml Riesentannen-Hydrolat
- Zitronensaft
- ev. Mineralwasser

Alle Zutaten im Standmixer zu einem Smoothie verarbeiten. Eventuell mit Mineralwasser aufspritzen.

Müsliriegel

Portionen: 4 Personen, Zeitaufwand: ca. 60 Minuten

Zutaten

- 125 g Haselnüsse
- 125 g Mandeln
- je 75 g Rosinen, geriebene Mandel, getrocknete Zwetschken und Feigen
- ½ TL Zimt-Nelken-Pulver
- 100 g Vollkornhaferflocken
- 50 g Ahornsirup
- 125 g Honig
- 20 ml Riesentannen-Hydrolat

Nüsse, Flocken und Trockenfrüchte fein hacken, anschließend in der Pfanne leicht anrösten. Honig und Sirup im Wasserbad erwärmen, Früchtemasse darin einarbeiten, von der Wärmequelle weggeben, mit Gewürzen und Hydrolat abschmecken.

Masse in Formen für Müsliriegel geben oder gleichmäßig auf dem Backpapier verstreichen, auskühlen lassen, danach in gleichmäßige Barren schneiden.

Salbei-Hydrolat

Pflanzenname deutsch/lateinisch	Salbei *Salvia officinalis*
Pflanzenfamilie	Lippenblütler / *Lamiaceae*
Typische Herkunft	Österreich, Süd-Frankreich, Italien, Balkan, Deutschland
Pflanzenmaterial	Blüte und Blätter
Ausbeute an ätherischem Öl	aus 110 kg Blüten/Blättern wird 1 Liter ätherisches Öl gewonnen
Geruchsqualität	salbeiartig, krautig-herb
Geschmacksrichtung	minzig-herb
Passt für	Fisch, Lamm, Milchprodukte, Saucen

» Wissenswertes zum Salbei

Salbei zählt sicher zu den beliebtesten Gewürz- und Heilkräutern und die Heilkraft des Salbeis war schon in alten Zeiten bekannt. Die Blätter des *heiligen Krauts*, wie der Salbei von den Römern genannt wurde, werden in der Pflanzenheilkunde bei Verdauungsbeschwerden, vermehrter Schweißsekretion und Entzündungen der Mund- und Rachenschleimhaut eingesetzt.

Das ätherische Öl kann ebenfalls sehr vielfältig verwendet werden. In der Aromatherapie wird es aufgrund seiner antiinfektiösen Eigenschaften z. B. bei Sinusitiden, Angina, grippalen Infekten, Bronchitis und Harnwegsinfekten eingesetzt, kommt aber auch bei gynäkologischen und psychischen Indikationen zur Anwendung. Aufgrund des hohen Ketongehalts gehört dieses Öl aber in die Hand erfahrener

Therapeuten. Salbeiöl wird sehr häufig auch als Duftkomponente in Kosmetikprodukten und als Aromastoff in Nahrungsmitteln und Backwaren verwendet.

Das Hydrolat wird z. B. als Gurgelmittel bei Halsschmerzen und in Kombination mit Pfefferminz-Hydrolat gegen Hitzewallungen in den Wechseljahren empfohlen. Es dient auch zur Hautpflege und wegen seiner schweißhemmenden Wirkung auch als Grundlage für Deodorants.

Salbei-Hydrolat-Gurgelwasser

eine Empfehlung von Ingrid Kleindienst-John für alle, die viel reden müssen

1 EL Salbei-Hydrolat pro ¼ Liter warmem Wasser. Den positiven Effekt des Salbei-Hydrolats können Sie mit einem Kaffeelöffel Sole (Salzlösung) im Gurgelwasser unterstützen.

Salbei soll laut Ingrid Kleindienst-John wegen der Aktivierung von Acetylcholin auch die Lern- und Merkfähigkeit steigern.

Fisch im Backpapier gegart mit Buttermilchsauce

Portionen: 2 Personen, Zeitaufwand: ca. 60 Minuten

Für das Fischfilet

- 200 g Fischfilet ohne Haut pro Person
- Backpapier
- Limetten

Für die Buttermilchsauce

- 150 g Buttermilch
- 1 mittelgroße Zwiebel
- 100 g Sellerie
- 100 ml Gemüsefond
- 2 EL Haferflocken
- 1 Handvoll frischer Spinat
- 10 ml Salbci-Hydrolat
- Salz, Pfeffer

Fischfilet in ein Backpapier wickeln und etwa 10–14 Minuten dämpfen.

Zubereitung Sauce

Zwiebel und Gemüse würfelig schneiden. Zwiebel in etwas Öl anschwitzen, Gemüse und Haferflocken zugeben und mit Gemüsefond aufgießen. Ca. 10 Minuten kochen lassen. Wenn das Gemüse weich ist, alles mit dem Stabmixer/Standmixer fein pürieren und mit Buttermilch, Hydrolat und den Gewürzen abschmecken.

Gefüllter Fasan mit Salbei und Speck

Portionen: 2 Personen, Zeitaufwand: ca. 100 Minuten

Zutaten

- 1 Fasan (ca. 800 g)
- 6 Blätter Salbei
- 150 g Speck
- 6 Scheiben Schinkenspeck
- 100 g Karotten
- 80 g Sellerie
- 100 g Zwiebel
- 2 EL Topfen/Quark
- 2 EL Käse
- 2 EL Brösel
- 2 Knoblauchzehen
- Salz, Pfeffer
- 2 EL Rapsöl
- 20 ml Salbei-Hydrolat
- 150 ml trockener Weißwein

Den Fasan innen und außen waschen und abtrocknen. Den Salbei waschen und die Blättchen sehr fein schneiden. Den Knoblauch, Karotten, Sellerie und den Zwiebel schälen und fein schneiden. Den Speck ebenfalls fein schneiden. Mit allen weiteren Zutaten vermischen, mit Salz und Pfeffer würzen und im Inneren des Fasans verteilen.

Den Fasan außen pfeffern und leicht salzen und mit den Schinkenscheiben umwickeln, diese mit Zahnstochern feststecken, falls notwendig. Den Backofen auf 200 °C vorheizen.

Das Öl in einem ausreichend großen Bräter erhitzen, den Fasan darin unter Wenden gut anbraten. Die kleinen Kartoffeln daneben verteilen.

Den Fasan in den Ofen bei Umluft 180 °C schieben und etwa 30 Minuten braten. Dabei einmal wenden. Mit dem Wein angießen und den Fasan weitere 15 Minuten braten, dabei ab und zu mit dem Bratfond übergießen. Den Fasan in Stücke schneiden.

Die Sauce mit Salbei-Hydrolat und Gewürzen abschmecken und die Fasanstücke darin platzieren und servieren.

Gefüllter Fasan mit Salbei und Speck

Buttermilchdressing

Portionen: 2 Personen, Zeitaufwand: ca. 10 Minuten

Zutaten

- 150 ml Buttermilch
- 2 EL Apfelessig
- 2 EL Honig
- 1 TL Salz
- 1 Prise Pfeffer
- 10 ml Salbei-Hydrolat

Alle Zutaten mit einem Stabmixer gut vermischen. Je nach Belieben mit Kräutern oder Gewürzen abschmecken.

Mango-Salbei-Lassi

Portionen: 2 Personen, Zeitaufwand: ca. 10 Minuten

Zutaten

- 1 reife Mango
- 300 g Joghurt
- 3 EL Honig
- 300 ml Flüssigkeit gesamt (Wasser und 20–30 ml Salbei-Hydrolat)

Mango schälen und entkernen, klein schneiden, gemeinsam mit Joghurt pürieren, Flüssigkeit langsam zugeben, mit Hydrolat und Zucker abschmecken.

Kann auch mit 1 TL Kokosflocken und 1 Msp. Kurkuma verfeinert werden.

Vor dem Servieren mindestens 1 Stunde kalt stellen.

Fruchtgummi

Portionen: 4 Personen, Zeitaufwand: ca. 180 Minuten

Zutaten

- 750 g Früchte (Beeren)
- 100 ml Salbei-Hydrolat
- 500 g Zucker
- etwas Kristallzucker

Früchte waschen, den Stiel entfernen, gemeinsam mit dem Wasser im Topf aufsetzen, aufkochen und 10 Minuten leicht köcheln lassen. Dann die Früchte abseihen.

Früchte/Fruchtmus mit Zucker im Topf erwärmen. Unter ständigem Rühren einige Zeit einkochen, bis eine zähe Konsistenz erreicht ist, die sich vom Boden löst.

Die Masse auf ein Backblech mit Backpapier auftragen, gleichmäßig verteilen und vollständig auskühlen lassen.

In kleine Stücke schneiden und in Zucker wälzen. In einer geschlossenen Dose aufbewahren.

Schafgarben-Hydrolat

Pflanzenname deutsch/lateinisch	Schafgarbe *Achillea millefolium*
Pflanzenfamilie	Korbblütler / *Asteraceae*
Typische Herkunft	Österreich, Deutschland, Ungarn, Süd-Frankreich, Korsika
Pflanzenmaterial	blühendes Kraut
Ausbeute an ätherischem Öl	aus 400 kg blühendem Kraut wird 1 Liter ätherisches Öl gewonnen
Geruchsqualität	aromatisch, krautig
Geschmacksrichtung	mild, fruchtig, frisch
Passt für	Gemüse, Salate (Gurken-), Aufstriche, Glasuren, Kuchen

» Wissenswertes zur Schafgarbe

Die Schafgarbe zählt zu unseren wichtigsten Heilpflanzen. In der Pflanzenheilkunde wird die innerliche Anwendung bei Appetitlosigkeit und krampfartigen Beschwerden im Magen-Darm-Bereich empfohlen, äußerlich bei Frauen als Sitzbad gegen Krämpfe im Unterleib.

Das ätherische Öl der Schafgarbe kann ähnlich viel Chamazulen wie das Öl der Echten Kamille enthalten und hinterlässt auch wie das Kamillenöl blaue Flecken auf Textilien, die sich kaum mehr entfernen lassen. Das Öl wirkt entzündungshemmend, wundheilungsfördernd und schleimlösend, eingesetzt wird es auch bei stressbedingten Beschwerden und Schlaflosigkeit. Das Öl ist in den Händen von Experten sehr wertvoll, darf aber nur sehr sparsam verwendet werden und ist daher für den Hausgebrauch eher ungeeignet.

Das Hydrolat kann in leicht angewärmtem Zustand für ein Handbad bei aufgesprungenen, rissigen Händen und als Fußbad bei Problemen mit Hühneraugen verwendet werden; auch als Hausmittel zum Gurgeln bei Husten und für Waschungen bei unreiner Haut, Akne und Ekzemen wird es genutzt.

Schafgarbentee

2 g (2 TL) fein geschnittenes Kraut mit rund 150 ml kochendem Wasser übergießen und 10–15 Minuten bedeckt stehenlassen. Anschließend durch ein Teesieb gießen und 3–4 Mal täglich zwischen den Mahlzeiten eine frisch aufgegossene Tasse trinken.

Karottenbutter mit Schafgarbe

Portionen: 2 Personen, Zeitaufwand: ca. 30 Minuten

Zutaten

- 125 g Butter
- 200 g Karotten
- 1 kleine Pastinake
- 1 Zwiebel
- 1–2 EL Schafgarben-Hydrolat
- Salz, Galgant, Pfeffer

Karotten, Pastinaken, Zwiebel weich dünsten und abkühlen. Alle festen Zutaten pürieren, Gewürze zufügen und nochmals mixen. Mit Hydrolat abschmecken und kalt stellen.

Geschmorte Pastinaken mit Tomaten

Portionen: 2 Personen, Zeitaufwand: ca. 60 Minuten

Zutaten

- 4 mittelgroße Pastinaken
- 150 g Tomaten, gewürfelt
- 80 g Zwiebel
- 1 EL Tomaten-Chutney oder Tomatenmark
- Salz, Zucker
- Öl
- Gewürze nach Belieben
- 20 ml Schafgarben-Hydrolat

Zwiebel schälen und klein schneiden. Die Tomaten in 1 cm große Würfel schneiden. Die Pastinaken gut waschen und in längliche Stifte schneiden.

In einer Ofenform auflegen und die Tomaten, das Tomaten-Chutney (oder Tomatenmark) und die Zwiebel darauf platzieren. Mit etwas Salz und Gewürzen nach Wahl würzen. Bei 180 °C etwa 20 Minuten im Backofen garen.

Geschmortes Paprikahendl

Portionen: 4 Personen, Zeitaufwand: ca. 40 Minuten

Zutaten

- 800 g Hühnerfleisch
- 4 EL Mehl, glatt
- 250 g Sauerrahm
- 2 Knoblauchzehen
- 300 ml Hühnersuppe/Fond
- 1 TL Tomatenmark
- 40 g Paprikapulver
- 300 g Zwiebel
- 50 ml Schafgarben-Hydrolat
- Öl
- Pfeffer, Salz, Majoran

Zwiebeln schälen und kleinwürfelig schneiden. Das Hühnerfleisch in Stücke schneiden, salzen und in Öl beidseitig scharf anbraten. Die Stücke aus der Pfanne nehmen und im Bratrückstand Zwiebeln unter regelmäßigem Rühren goldgelb rösten. Paprikapulver und Tomatenmark einrühren und kurz mitrösten. Suppe zugießen und aufkochen.

Sauce mit Salz, Pfeffer, Majoran, gehacktem Knoblauch würzen. Hühnerstücke einlegen und das Fleisch bei geringer Hitze 30 Minuten dünsten. Fleischstücke herausheben.

Sauerrahm mit Mehl verquirlen und in die Sauce rühren. Sauce ca. 4 Minuten köcheln lassen und mit einem Stabmixer pürieren. Hühnerstücke in die Sauce legen, Schafgarben-Hydrolat dazugeben und kurz ziehen lassen.

Paprikahendl mit Beilagen nach Belieben anrichten.

Gurkensalat

Portionen: 2 Personen, Zeitaufwand: ca. 20 Minuten

Zutaten

- 250 g Naturjoghurt
- 150 g Salatgurke
- je ½ TL Kreuzkümmel, gemahlen, Zucker, Paprikapulver
- 1 TL Koriander, gemahlen
- Salz, Pfeffer
- 20 ml Schafgarben-Hydrolat

Das Joghurt mit den Gewürzen ordentlich aufschlagen. Die Gurke waschen, schälen und in feine Stücke schneiden. Die Gurkenwürfel unter das Joghurt mischen. Mit frischem Koriander anrichten.

Tomaten-Schafgarben-Aufstrich

Portionen: 2 Personen, Zeitaufwand: ca. 20 Minuten

Zutaten

- 1 kleine Zwiebel
- 3 Tomaten
- 4 kleine Kapern
- 2 Oliven
- 1 EL Honig
- 1 EL Sonnenblumenöl
- 1 Knoblauchzehe, gepresst
- Salz, Pfeffer
- 1 EL Schafgarben-Hydrolat

Alle Zutaten in kleine Würfel schneiden. In einer Pfanne das Sonnenblumenöl erhitzen und die Zwiebelwürfel anrösten.

Wenn der Zwiebel goldbraun ist, die restlichen Zutaten dazugeben und etwa 20 Minuten einkochen lassen. Mit den Gewürzen und dem Schafgarben-Hydrolat abschmecken.

TIPP: *Landfrischkäse passt perfekt dazu*

Himbeeren in Schafgarbenbackteig

Portionen: 4 Personen, Zeitaufwand: ca. 40 Minuten

Zutaten

- 200 g Mehl
- 80 ml Schafgarben-Hydrolat
- 1 El Öl
- 50 ml Milch
- 2 Eier
- Prise Salz
- 400 g Himbeeren
- 150 ml Öl zum Frittieren

Mehl, Öl, Schafgarben-Hydrolat und Milch zu einem glatten Teig verrühren. Die Eier und eine Prise Salz untermischen.

Die Himbeeren in den Backteig tauchen und in heißem Fett frittieren.

Weißtannen-Hydrolat

Pflanzenname deutsch/lateinisch	Weißtanne *Abies alba*
Pflanzenfamilie	Kieferngewächse / *Pinaceae*
Typische Herkunft	Österreich, Südtirol, Rumänien
Pflanzenmaterial	Nadeln und Zweige
Ausbeute an ätherischem Öl	aus 120 kg Pflanzenmaterial wird 1 Liter ätherisches Öl gewonnen
Geruchsqualität	frisch, nadelig, waldig
Geschmacksrichtung	kühlend, im Abgang süßlich
Mögliche Allergene**	Limonen (im ätherischen Öl nachgewiesen, nicht jedoch im Hydrolat)
Passt für	Suppen, Salate, Süßspeisen, Eis & Parfait, Getränke

** lt. Senseolo.eu

» Wissenswertes zur Weißtanne

In der Volksmedizin werden Fichten und Tannen in gleicher Weise eingesetzt. Weit verbreitet ist die Verwendung der jungen Knospen für die Herstellung von schleimlösenden Tannenwipferlsirup. Es lässt sich ein für die Aromatherapie sehr wertvolles ätherisches Öl gewinnen, das wie das der Fichte eingesetzt werden kann.

Das Weißtannen-Hydrolat kann man nicht nur zum Kochen, sondern auch zur Raumbeduftung verwenden. Dem Hydrolat wird eine belebende und nervenstärkende Wirkung zugeschrieben, ebenso wie eine hygienisierende Wirkung auf die Atmosphäre, für den Einsatz in der Erkältungszeit. Einen schönen Tannenbaumduft erreicht man, wenn man dem Hydrolat zur Raumbeduftung noch ein bis zwei Tropfen ätherisches Weißtannen-Öl zusetzt.

9-Kräutersuppe mit Weißtanne-Bärlauch-Croûtons

Portionen: 4 Personen, Zeitaufwand: ca. 30 Minuten

Zutaten

- 2 gute Handvoll Wildkräuter von 9 verschiedenen Frühlingspflanzen (z. B. Bärlauch, Löwenzahn, Taubnessel, Spitzwegerich, Schafgarbe, Brennnessel, Vogelmiere, Brunnenkresse, Labkraut)
- 150 g altbackenes Bauernbrot
- 50 g Butter
- 1 Zwiebel
- 1,5 l Gemüsebrühe
- 2–3 EL Schlagobers/Sahne
- Salz, Pfeffer
- 1 EL Butter
- 1 EL gehackter Bärlauch
- 50 ml Weißtannen-Hydrolat

Brot in Würfel schneiden und ⅔ davon mit den fein gehackten Zwiebeln in Butter anrösten. Mit der Suppe aufgießen, gut verkochen lassen, evtl. pürieren und mit Salz und Pfeffer abschmecken. Zum Schluss die fein gehackten Wildkräuter und das Schlagobers zur Suppe geben, gut verrühren oder mit dem Mixstab nochmals kurz mixen. Nach persönlichem Belieben abschmecken.

Für die Croûtons

Butter in einer Pfanne erhitzen und die restlichen Brotwürfel mit dem gehackten Bärlauch knusprig anrösten. Croûtons aus der Pfanne nehmen, mit einigen Sprühern Weißtannen-Hydrolat verfeinern.

Suppe mit Kräutern, Croûtons und Blüten von Gänseblümchen, Taubnessel usw. dekorieren. Warm genießen.

Gebratener Hirschrücken mit Kartoffelroulade

Portionen: 4 Personen, Zeitaufwand: ca. 30 Minuten

Für den Hirsch

- 800 g Hirschrücken
- Senf, Salz, Pfeffer
- 4 EL Öl
- 50 ml Weißtannen-Hydrolat

Kartoffelteig für die Roulade

- 500 g Kartoffel, mehlig
- 120 g Mehl
- 30 g Butter
- 1 Ei Größe S
- Prise Salz

Für die Rouladenfülle

- 100 g Frischkäse
- 20 g Spinat
- 3 EL Rapsöl

Für den Hirsch

Den Hirschrücken in dünne Scheiben schneiden und auf einer Seite mit etwas Senf bestreichen, salzen und pfeffern. Den Hirschrücken auf der Senfseite in heißem Öl kurz scharf anbraten. Aus der Pfanne nehmen und mit dem Weißtannen-Hydrolat besprühen.

Für die Kartoffelroulade

Kartoffeln in der Schale weich kochen. Schälen und 10 Minuten ausdampfen lassen. Kartoffeln mit der Kartoffelpresse pressen und etwas abkühlen lassen. Mit den restlichen Zutaten vermengen und zu einem glatten Teig verkneten.

Auf einer Folie etwas Mehl verteilen und den Teig darauf platzieren. Den Teig platt drücken und mit Frischkäse und Spinat füllen. Einrollen und in einer Pfanne mit heißem Öl langsam von beiden Seiten braten.

Curry-Weißtannen-Kraut

Portionen: 4 Personen, Zeitaufwand: ca. 30 Minuten

Zutaten

- 250 g Weißkraut
- 2 Zwiebeln
- 2 Knoblauchzehen
- 100 ml Kokosmilch
- 1 TL Currypulver
- 1 Chili
- je ½ TL Kreuzkümmel, Koriander, gemahlen
- frischer Koriander
- Salz, Pfeffer
- 20 ml Weißtannen-Hydrolat

Das Kraut fein hobeln. Die Zwiebeln schälen und in feine Streifen schneiden. Etwas Öl in einer Pfanne erhitzen und die Zwiebeln darin anbraten. Wenn die Zwiebeln goldbraun sind, den Knoblauch dazugeben und kurz mitrösten, die Gewürze dazugeben und ebenso kurz rösten, danach das Kraut beimengen und mit Kokosmilch ablöschen.

Einige Minuten köcheln lassen, danach mit Weißtannen-Hydrolat abschmecken.

Wildkräuter-Smoothie

Portionen: 2 Personen, Zeitaufwand: ca. 12 Minuten

Zutaten

- je 1 Banane, Apfel
- 2 Hände Kräuterblätter (Giersch, Vogelmiere, Löwenzahn, Spitzwegerich, Brennnessel, Hirtentäschel etc.)
- Schuss Zitronensaft
- 200 ml Wasser
- 20 ml Weißtannen-Hydrolat

Banane und Apfel in größere Stücke schneiden, Zitrone frisch pressen.

Obststücke, Zitronensaft, Kräuter und Wasser in den Standmixer einfüllen und zuerst langsam mixen, dann noch kurz intensiv durchmixen. Am Schluss das Hydrolat untermixen.

Hydrolat-Gummis

Portionen: 2 Personen, Zeitaufwand: ca. 120 Minuten inkl. Kühlen

Zutaten

- 5 g Agar-Agar
- 50 ml Wasser, kalt
- 30 ml Wasser
- 100 g Zucker
- 100 ml Weißtannen-Hydrolat
- 1 EL Himbeersirup
- 1 EL Zitronensaft

Agar-Agar in 50 ml kaltes Wasser einrühren und 15 Minuten quellen lassen; im Wasserbad erwärmen.

30 ml Wasser und Zucker verrühren, anschließend aufkochen lassen und vom Herd wegstellen.

Sirup, Agar-Agar-Mischung und Zitronensaft ins Zuckerwasser einrühren und ebenfalls aufkochen lassen, 5 Minuten schwach köcheln lassen unter ständigem Rühren.

Anschließend unter Rühren abkühlen lassen und erst bei Handtemperatur das Hydrolat einrühren, in Förmchen gießen oder gleichmäßig auf ein Backblech streichen und vollständig auskühlen lassen. Dann schneiden und in Stärke wälzen.

Zitronenmelissen-Hydrolat

Pflanzenname deutsch/lateinisch	Zitronenmelisse *Melissa officinalis*
Pflanzenfamilie	Lippenblütler / *Lamiaceae*
Typische Herkunft	Österreich, Mitteleuropa
Pflanzenmaterial	Kraut
Ausbeute an ätherischem Öl	aus 6500 kg Kraut wird 1 Liter ätherisches Öl gewonnen
Geruchsqualität	leicht zitronig, teilweise Honignote, süß – wird durch Oxidation bitter bis heuartig-krautig
Geschmacksrichtung	zitronig-honigartig, herb, bitter, heuartig, erfrischend, kühl
Mögliche Allergene**	Neraangel, Geraniol, Geranial
Passt für	Süßspeisen, Getränke, Fisch, Lamm, Salate

** lt. Senseolo.eu

» Wissenswertes zur Zitronenmelisse

Die Blätter der Zitronenmelisse duften nicht nur sehr angenehm, sie wirken nachweislich auch beruhigend auf die Nerven und haben einen positiven Einfluss auf die Verdauung. In der Pflanzenheilkunde wird daher die Melisse sinnvollerweise z. B. zur Behandlung von nervös bedingten Einschlafstörungen und funktionellen Magen-Darm-Beschwerden eingesetzt.

Melisse enthält ein sehr wertvolles ätherisches Öl, das neben Neroli das wichtigste Öl bei Herzensängsten ist, es wirkt beruhigend bei Schmerzen und unterstützt die Verdauung.

Der berühmte *Melissengeist* wurde erstmals im Jahr 1611 in einem französischen Karmeliterkloster gemischt und wird auch heute noch bei Magenstörungen und Übelkeit sowie als Einreibung bei Rheuma und zur allgemeinen Belebung eingesetzt.

Ein leider in Vergessenheit geratenes Heilmittel- und Hausmittel ist Melissenwasser. Das Hydrolat der Melisse wurde früher gerne aufgrund seiner Wirkung gegen Viren bei grippalen Infekten und Problemen mit Herpes sowie zur Schmerzlinderung bei Regelbeschwerden und Migräne eingesetzt.

Täglich 1 Esslöffel Hydrolat auf eine Tasse Wasser, mit Honig gesüßt, soll Altersbeschwerden lindern, sowie für Ausgeglichenheit und Zufriedenheit sorgen.

Zur Hautpflege wurde es bei entzündeter Haut, aber vor allem bei Problemen mit Lippenherpesbläschen mehrmals täglich aufgetupft, auch bei Augenbindehautentzündung, wunden Babypopos, Schwangerschaftsübelkeit, Unruhe und Stress kam es zum Einsatz. Das Hydrolat ist auch ein wunderbar entspannender Badezusatz.

Melissentee

3–7 TL Melissenblätter mit 150 ml kochendem Wasser aufgießen. 10–15 Minuten ziehen lassen und mehrmals täglich eine Tasse trinken.

Flammkuchen mit Lachsforelle

Portionen: 2 Personen, Zeitaufwand: ca. 60 Minuten

Für den Teig

- 200 g Mehl
- 2 EL Rapsöl
- Salz
- 75 g Buttermilch
- Mehl zum Verarbeiten

Für den Belag

- 100 g Löffelkäse
- 25 g Joghurt
- 1 Eigelb
- 1 TL Kren/Meerrettich
- ½ Knoblauchzehe, zerdrückt
- Salz, Pfeffer aus der Mühle
- 50 g Blattspinat
- 150 g grüner Spargel
- 75 g Räucherlachsforelle
- 20 ml Melissen-Hydrolat

Ofen samt Backblech auf 250 °C Ober- und Unterhitze vorheizen. Mehl, Öl, 1 TL Salz, und Buttermilch zu einem glatten Teig verkneten. Eventuell wird noch etwas Wasser gebraucht. Den Teig abdecken und ca. 5 Minuten rasten lassen.

Inzwischen den Löffelkäse mit dem Eigelb, Joghurt, Salz, Pfeffer, Knoblauch und dem Kren verrühren.

Spargelstangen waschen, die Enden entfernen und das untere Drittel schälen. Stangen in dünne Scheiben schneiden.

Den Teig vierteln und auf einem leicht bemehlten Stück Backpapier dünn ausrollen. Die anderen Teigstücke währenddessen mit einem feuchten Küchentuch abdecken. Den ausgerollten Teig dünn mit der Creme bestreichen, danach den Spargel, Spinat und die geräucherten Lachsforellenstreifen darauf verteilen.

Im heißen Ofen ca. 12 Minuten backen. Den Flammkuchen aus dem Ofen nehmen und mit Melissen-Hydrolat besprühen.

Tomaten-Melonen-Salat

Portionen: 4 Personen, Zeitaufwand: ca. 10 Minuten

Zutaten

- 8 Tomaten
- 250 g Wassermelone
- 1 Limette
- 2 EL Apfelessig
- 4 EL Olivenöl
- 1 TL Salz
- 2 TL Honig
- 20 ml Melissen-Hydrolat

Tomaten und Wassermelone in Würfel schneiden. Die Limette auspressen und alle Zutaten miteinander vermischen.

Topfencreme mit kandierten Blüten

Portionen: 2 Personen, Zeitaufwand: ca. 60 Minuten

Zutaten

- 250 g Topfen/Quark
- 3 TL Honig
- ev. 2 Eigelb
- ca. 20 ml Melissen-Hydrolat

Kandierte Blüten

- 1–2 Eiweiß
- 80 g Staubzucker
- Blüten (Flieder, Rose, Gundelrebe ...)
- 1 EL Zucker

Eiweiß schlagen, mit feinem Pinsel auf die Blüten auftragen, mit Staubzucker bestreuen, auf Backpapier legen, bei 60 °C und offener Backrohrtür 15–30 Minuten trocknen, getrocknete Blüten mit 1 EL Zucker fein mahlen.

Topfen, Honig, ev. Eigelb, Melissen-Hydrolat zu Creme verarbeiten, mit Blütenzucker bestreuen.

Mojito-Melisse-Eis am Stiel

Portionen: 4 Personen, Zeitaufwand: ca. 30 Minuten ohne Kühlen

Zutaten

- 200 g Erdbeeren
- 200 g Himbeeren
- 200 g Kirschen
- 100 g rote Ribiseln
- 6 Limetten
- 1 Handvoll Melissenblätter
- 100 g brauner Zucker
- 200 ml Rum
- 250 ml Sodawasser
- 100 ml Melissen-Hydrolat
- 12 Eisförmchen
- Stiele

Erdbeeren putzen, in kleine Stücke schneiden, Kirschen entkernen und schneiden, Himbeeren klein schneiden. Früchte mischen und in Förmchen füllen. Limette auspressen, Melisse schneiden und im Mörser mit Zucker und etwas Limettensaft vermischen, restlichen Saft, Rum und Wasser sowie Melissen-Hydrolat vermischen.

Die Flüssigkeit in Form einfüllen und 1 Stunde einfrieren. Danach Stiele einstecken und nochmals über Nacht durchfrieren lassen.

Mascarpone-Joghurt-Tiramisu mit Himbeeren

Portionen: 3 Personen, Zeitaufwand: ca. 60 Minuten

Für die Biskotten

- 4 Eier
- Prise Salz
- 80 g Zucker
- 100 g Mehl
- 1 EL Kardamom
- 50 g Pekannüsse, gerieben

Mascarponecreme

- 200 g Mascarpone
- 100 g Joghurt
- 50 g Zucker
- Saft und Abrieb 1 Zitrone
- 20 ml Melissen-Hydrolat
- 200 g Himbeeren
- Saft von ½ Zitrone

Für die Biskotten

Eier trennen. Schnee schlagen. Dotter mit Zucker und Eiweiß mit Salz aufschlagen. Kardamomkapseln über einem Sieb abreiben und zum Dotter geben. Mehl, geriebene Nüsse zum Dotter geben, verrühren und zum Schluss Eiweiß unterheben. Masse auf Backblech aufspritzen und bei 200 °C (Ober-/Unterhitze) 10 Minuten backen.

Für die Creme

Mascarpone, Melissen-Hydrolat, Joghurt, Zucker, Zitronensaft und -abrieb verrühren.

Die Biskotten mit der Creme in eine Form schichten und immer wieder mit Beeren belegen.

Mit den Himbeeren dekorieren.

Hydrolate Pralinen

Süße Verführung als Abschluss

» Hydrolat-Pralinen von Raffaela Staudinger

Zu guter Letzt wollen wir nun unsere Geschmacksknospen noch mit einem besonderen Leckerbissen verwöhnen – Pralinen.

Raffaela Staudinger ist begeisterte Hobbykonditorin und verführt schon länger mit ihren selbst gemachten Pralinen. Für uns hat sie sich an das Thema Hydrolate gewagt und eine einfache Rezeptur kreiert.

Sie ist 30 Jahre jung und gelernte Restaurantfachfrau. Mit ihrem Mann gemeinsam betreibt sie eine Steckerlfischbraterei mit unterschiedlichen Standorten im Raum Steyr-Land. Als Mutter eines 10-jährigen Kindes und eines kleinen Babys findet sie aber noch immer Zeit für ihr Hobby Kochen und Backen. Obwohl sie von sich behauptet, keine Naschkatze zu sein.

TEMPERIEREN VON KUVERTÜRE		
	Zartbitterkuvertüre	Vollmilchkuvertüre
Schmelzen	bis 50 °C	bis 40 °C
Herunterkühlen	ca. 28 °C	ca. 27 °C
Hochtemperieren	ca. 31 °C	ca. 30 °C

Schoko-Pralinen mit Hydrolatfüllung

Rezept nach Raffaela Staudinger
Portionen: 20 Stück, Zeitaufwand: ca. 120 Minuten

Zutaten

- 20 Stück Pralinen (fertige Hohlkörper vom Konditor des Vertrauens)
- 45 g Schlagobers/Sahne
- 70 g Zartbitterkuvertüre
- 15 g Glucosesirup
- 6 g Rosen-Hydrolat
- Lebensmittelfarbe Metallic purpur
- 200 g Zartbitterkuvertüre zum Verschließen der Hohlkörper

Schlagobers aufkochen und von der Wärmequelle nehmen. Glucosesirup und Kuvertüre langsam unterrühren, bis eine glatte Masse entsteht. Kalt rühren bis etwa 25 °C, dann erst das Hydrolat beigeben. Der Anteil an Duftnoten verfliegt mit der Wärme, daher unbedingt auf handwarm abkühlen lassen.

Vorgefertigte Hohlkörper mit Lebensmittelfarbe auspinseln für Metalliceffekt. Mittels Spritzbeutel die Masse vollständig bis kurz unter dem Rand in den Hohlkörper füllen und kalt stellen.

Wenn die Füllung angezogen hat, kann der Hohlkörper mittels leicht temperierter Kuvertüre verschlossen werden.

Rezeptindex

Adressen / Bezugsquellen

- aromaFORUM Österreich – *www.aromaforum-oesterreich.at*
- Seyringer Gut – *www.seyringergut.at*
- Cook up kitchen – *www.cookupkitchen.at*
- Sensoleo – *www.sensoleo.at*

Legende

* Inhaltsstoffe lt. Analyse Sensoleo

** Herkunft lt. Sensoleo

Hinweis Allergene

- Allergene werden in unseren Steckbriefen in Anlehnung an die Kosmetikverordnung bei einem Anteil von unter 2 % nicht angegeben. Die Angaben wurden den von Sensoleo.eu zur Verfügung gestellten Analysen entnommen.
- Zudem wurde Literatur von Eliane Zimmerman und Shirley Price sowie diverse Studien zur Recherche herangezogen.

Literatur

ALBERTS, P. MULLEN, M. SPOHN: Die Baum- und Strauchapotheke, 2004, Franckh-Kosmos Verlags GmbH & Co KG Stuttgart

C. JÄNIKE, J. GRÜNWALD, T. BRENDLER: Handbuch Phytotherapie, 2003, Wissenschaftliche Verlags GesmbH Stuttgart

J. GRÜNWALD, C. JÄNIKE: Grüne Apotheke, 2004, Gräfe und Unzer Verlag, München

D. WABNER, C. BEIER, M. DEMLEITNER, D. STRUCK: Aromatherapie, Grundlagen, Wirkprinzipien, 2. Auflage, 2011, Urban & Fischer Verlag, München

H. SCHILCHER, I. STADELMANN, C. HERB: Duft- und Heilpflanzen, 3. Auflage, 2018, Stadelmann Verlag

I. KLEINDIENST-JOHN: Hydrolate, Sanfte Heilkräfte aus Pflanzenwasser, 2012, Freya Verlag GmbH, Engerwitzdorf

K. HILLER, M. MELZIG: Die große Enzyklopädie der Arzneipflanzen und Drogen, 2003, Spektrum Akademischer Verlag, Heidelberg

E. ZIMMERMANN: Aromatherapie für Pflege- und Heilberufe, Kursbuch für Ausbildung und Praxis, 5., aktualisierte Auflage

R. WILLFORT: Gesundheit durch Heilkräuter, 27. Auflage, 1997, Rudolf Trauner Verlag Linz

S. PRICE, L. PRICE: Aromatherapie: Praxishandbuch für Pflege- und Gesundheitsberufe, Verlag Hans Huber

Die Autoren

» Claudia Arbeithuber

Ich bin diplomierte psychiatrische Gesundheits- und Krankenschwester und arbeite aktuell als Koordinatoren-Stellvertretung im Suchtbereich. Seit 2000 habe ich eine eigene Pflegepraxis *Aromapraxis Arbeithuber*, mit Schwerpunkt (aroma-)pflegerischer Begleitung im Alltag.

Ich unterrichte Aromapflege, Komplementäre Pflege sowie im Bereich Kräuterpädagogik und hatte bereits vielfach die Chance bei Implementierungen oder Qualitätsmanagement im Krankenhausbereich mitwirken zu können. Ich darf an der FH Oberösterreich unterrichten und mein Wissen bei Kongressen im In- und Ausland weitergeben.

Das Thema Aroma begleitet mich schon lange und die Aromaküche ist eine meiner großen Leidenschaften. Manchmal zum Leidwesen meiner Familie und Arbeitskollegen, die für so manches Experiment zur Verfügung stehen müssen.

Als 2005 der ehrenamtliche Verein aromaFORUM Österreich gegründet wurde, durfte ich von der ersten Stunde an mitwirken und bin noch heute mit Freude mit dabei.

Ich bin mit Leib und Seele in der Psychiatrie tätig und ebenso leidenschaftlich pflege ich mein *Hobby* Aromapflege – Aromatherapie. Darüber hinaus sind mir Familie und Freunde sehr wichtig, der ökologische Grundgedanke und gelebte Nachhaltigkeit.

Wenn es dann mal etwas ruhiger ist, lese ich, genieße die Zeit mit Mann, Hund und Kater.

www.aromaforum-österreich.at
aromaFORUM Österreich

Aromapraxis Arbeithuber

» Daniel Fuchs

Ich bin Gründer und Inhaber der Firma Sensoleo.

Nach der Pflichtschule machte ich eine Lehre als Einzelhandelskaufmann und war 15 Jahre im Bereich Disposition und Einkauf tätig. Dazwischen verschlug es mich 3 Jahre nach England, wo ich mit verschiedenen Jobs meinen Lebensunterhalt verdient habe. 2017 machte ich mein Hobby zum Beruf und gründete die Firma Sensoleo!

SENSOLEO
Ätherische Öle

Da es in der Region Sauwald einen hohen Bestand an Nadelhölzer gibt, entstand nach Jahren der Hobbydestillation die Idee, sich mit der Herstellung von regionalen ätherischen Ölen und Hydrolaten Selbstständig zu machen. War der Fokus zu Beginn auf Nadelhölzern, werden mittlerweile viele Kräuter verarbeitet, welche wenn möglich aus Österreich stammen. Meine ersten Destillationsversuche fanden im Keller unseres Wohnhauses statt, mit einer 10-l-Alquitara-Kupferdestille. Für den gewerblichen Zweck nicht geeignet.

Somit wurde eine Holzhütte mit 20 m² im Garten gebaut und zeitgleich lief schon der Bau einer selbst geplanten Destillationsanlage, die monatelang ausgetüftelt und verbessert wurde. Zum Einkaufen ging ich mit den Kundschaften ins Lager in den Keller. Da musste auch eine Lösung her – somit schaffte ich 2018 zwei gebrauchte Bürocontainer an, welche nun als Geschäftsbereich für Kunden und Kursteilnehmer dienten. Anfang 2022 ist Sensoleo zu einem kleinen Sacherl übersiedelt, hier ist genügend Platz vorhanden, jedoch müssen die Gebäude nach und nach saniert werden. So wächst Sensoleo als kleines Familienunternehmen langsam dahin und ich bin gespannt, was die Zukunft noch bringt!

Als Gründer und Inhaber von Sensoleo ist mein Aufgabenbereich sehr vielfältig. Von der Rohmaterialbeschaffung, Destillation bis zum Verkauf, aber auch Buchhaltung und Marketing zählen zu meinen Hauptaufgaben. Am liebsten arbeite ich im Wald oder destilliere, die Bürotätigkeiten sind eher ein notwendiges Übel.

» Doris Gansinger

Ich arbeite als freiberufliche Tierärztin und beschäftige mich seit über 30 Jahren intensiv mit der Anwendung von Heilpflanzen bei Mensch und Tier. Ebenso lange berate ich Landwirte schwerpunktmäßig über den Einsatz von Kräutern bei Geflügel.

Schon während meines Studiums der Veterinärmedizin durfte ich an einem spannenden Projekt unter der Leitung von O. Univ. Prof. Dipl. Ing. Dr. Chlodwig Franz mitwirken. Dabei ging es um die Destillation und Vergleichsanalyse von ätherischen Ölen verschiedener Sortenlinien von Majoran.

Ich bin Mitglied im Arbeitskreis *Phytovet* und Autorin bzw. Mitautorin von diversen Fachartikeln, Leitfäden und Büchern wie dem Titel *Kräuter für Nutz- und Heimtiere*. Außerdem halte ich regelmäßig Vorträge zum Thema Phytotherapie und funktionelle Pflanzenstoffe bei Tieren.

Mein Interesse gilt aber auch dem Yoga und der Gesundheitsförderung beim Menschen. 2022 habe ich den *Lehrgang Medizinische Aromatherapie* der Österreichischen Gesellschaft für wissenschaftliche Aromatherapie und Aromapflege (ÖgwA) abgeschlossen. Gemeinsam mit Carmen Schwarz habe ich die *feelgut Pranarom*©Methode und die dazugehörige zertifizierte Ausbildung entwickelt.

» Viktoria Stranzinger

Ich habe meine Leidenschaft zum Beruf gemacht. Nach dem Gewinn der Puls 4 Kochshow *Kochgiganten* 2018 habe ich den Schritt in die Selbstständigkeit gewagt und die Kochschule *cook up kitchen* gegründet, die rasch zu einer erfolgreichen Kochschule und Cateringunternehmen herangewachsen ist. Meine Liebe zur Küche hat mit meiner Lehre in der Haubengastronomie begonnen, danach war ich viele Jahre als Küchenchefin in verschiedensten Saisonbetrieben und im Ausland unterwegs.

Neben meiner Ausbildung zur Diplomierten Küchenmeisterin und zur diätisch geschulten Köchin bin ich Referentin bei der Gesunden Küche OÖ, Prüferin bei Lehrabschlussprüfungen, Obfrau im Zweigverein des Verbands der Köche *Die Köche*innen Oberösterreichs* und habe ich die Ausbildung zur Landwirtschaftlichen Facharbeiterin abgeschlossen. Meine Freizeit verbringe ich ehrenamtlich als Rettungssanitäterin beim Roten Kreuz und widme mich verschiedensten Sozialprojekten. Für das Kinderprojekt *Vom Garten auf den Teller* wurden ich mit dem Regionalitätspreis der OÖ Bezirksrundschau 2019 ausgezeichnet.

Neben Kochkursen und Caterings bieten ich einige weitere Dienstleistungen an, ich schreibe Kochbücher für Firmen, stehe für Kochvideos vor der Kamera, biete Kurse für Kochlehrlinge und Fortbildungen für Kochlehrer an, trete als Gastkoch bei Veranstaltungen auf und vieles mehr.

freya BUCHTIPPS

Ingrid Kleindienst-John

Hydrolate

Sanfte Heilkräfte aus Pflanzenwasser

Hydrolate sind hochwirksame Pflanzenwässer, die bei der Wasserdampf-Destillation von Blüten, Blättern, Samen oder Wurzeln entstehen.

In der Regel kennt man sie heute als Nebenprodukte bei der Herstellung ätherischen Öls und verwendet sie nur selten. Dabei ist das Blüten- oder Pflanzenwasser seit dem Altertum bekannt und die Wirksamkeit in der Heilkunde überliefert. Hydrolate enthalten die wasserlöslichen Stoffe einer Pflanze und nur mehr Spuren von ätherischem Öl, sind aber wesentlich konzentrierter als zum Beispiel Kräutertee. Anschaulich im Buch und mit Tipps und Tricks zum Nachmachen in den zusätzlichen Videos.

ISBN 978-3-99025-053-2

Andrea Bierwolf

Fermentista

Du brauchst nur Zeit und Liebe

... und gute Mikroben! Nicht die Menschen haben die Fermentation erfunden, sondern die Fermentation die Menschen. Das Fermentieren von Lebensmitteln ist eine uralte Methode der Haltbarmachung mit Mikroorganismen. Während der Lagerung werden Vitalstoffe vermehrt. Sie brauchen dafür kein Plastik, keine Energie zur Kühlung, keine langen Transportwege um den Globus.

Mit übersichtlichen Anleitungen in Form von Zeitachsen zu sechs Fermenten: Gemüse, Kombucha, Essig, Kefir, Joghurt und Brot. Rezeptideen für die köstlich-knackige Weiterverwendung dieser Fermente sorgen dafür, dass die liebevoll hergestellten Fermente nicht im Keller „versauern" sondern nachhaltige und genussvolle Freude in den Alltag bringen.

ISBN 978-3-99025-508-7

Bildnachweise: Adobe Stock ©:COVER: steinerpicture (Destille) / daboost (Pergamenhintergrund) // KERN: dariaustiugova S. 4, 5, 6, 7, 8, 9, 54, 57, 63, 81, 83, 85, 99, 102, 103, 123, 125, 137, 150, 152, 153, 163, 166 / Robert Biedermann S. 7, 117 / cynoclub S. 12 / New Africa S. 17 / Scisetti Alfio S. 22, 127 / AnnyStudio S. 31 / GSDesign (Cracker) S. 33 / popout (Cocktails) S. 33 / skymoon13 S. 36 / Kotkoa S. 38 / Ornavi S. 39 / karepa S. 40 / Alex S. 43 / Alterfalter S. 44 / Real Moment S. 45 / Ruckszio S. 50, 94, 160 / Photo Craft S. 55 / RaDa S. 58 / gitusik S. 60 / coulanges S. 66, 162 / Any Goodstock S. 70 / xb100 S. 72 / New Africa S. 74 / Natika S. 75 / Heike Rau S. 78 / Joachim S. 80 / sommai S. 84 / zehkos S. 85 / fotogal S. 86 / Kailash Kumar S. 88 / womue S. 90, 124 / Dana S. 91 / Schmutzler-Schaub S. 92 / Stefani Brügge S. 97 / Maroš Markovič S. 100 / www.push2hit.de S. 104 / Björn Wylezich S. 105 / Øyvind S. 106 / tunedin S. 111 / Lobra S. 112 / Wendy S. 118 / hhelene S. 120 / FomaA S. 121 / Wolfgang S. 126 / Thomas Francois S. 129 / Nataliia Pyzhova S. 130 / David Maddock S. 132 / mbongo S. 134 / alya82 S. 138 / Xavier S. 140 / voren1 S. 142 / shaiith S. 143 / StockImageFactory S. 144 / jackan S. 145 /simona S. 146 / kazakovmaksim S. 148 / Bogdan Wankowicz S. 154 / Lumixera S. 156 / nataliazakharova S. 157 / TwilightArtPictures S. 158 / pamela_d_mcadams S. 159 / saras66 S.164 / Tatyana Sidorova S. 165 / sveta S. 168